KB105429

존재론 없는 윤리학

# 존재론 없는 윤리학

[힐러리 퍼트남 지음 / 홍경남 옮김]

철학과현실사

**Ethics without Ontology**

나의 어머니 리바 퍼트남을 기리며

# 옮긴이의 말

『존재론 없는 윤리학(*Ethics without Ontology*)』의 저자인 힐러리 퍼트남(Hilary Putnam)은 현대 철학계를 주도하고 있는 위대한 철학자들 중 한 사람이다. 퍼트남은 오랫동안 하버드대의 철학 교수로 재직하면서 다방면에 걸쳐 많은 철학적 저술을 남겼다. 그는 철학도로서 과학철학자 라이헨바흐(H. Reichenbach)으로부터 과학철학을 배우고, 콰인(W. V. O. Quine)으로부터 수리 논리를 배웠으며, 촘스키(N. Chomsky)와 카르납(R. Carnap) 등의 언어분석철학에서 많은 영향을 받았다. 이렇게 여러 분야에서 학문적 훈련을 거친 그는 철학적 문제들에 대하여 아주 폭넓고 다양한 방식으로 접근한다.

이 책은 그 제목에 따라 윤리학의 문제를 기본적으로 다루고 있지만, 논리철학과 수리철학 분야의 문제를 함께 검토하고 있다. 퍼트남은 윤리학이니 논리철학이니 수리철학이니 하는 구분이 어떤 철학적 문제를 다루는 데 별 의미가 없다고 보고 있기 때문이다. 그는 그러한 구분이 오히려 철학적 문제와 논증이 여러 분야에 걸쳐 있는 방식을 은폐시키거나 왜곡시킬 수 있다고 생각한다.

퍼트남은 자신이 비판하고자 하는 존재론이 존재론 일반이 아니라, 팽창존재론(모든 존재하는 것들의 배후에 놓여 그 모든 것들을 밝혀주는 비자연적이고 신비로운 뭔가가 존재한다고 주장)이나 축소존재론(단지 몇 가지만 존재한다고 주장)으로 불릴 수 있는 것임을 분명히 한다. 그리고 이러한 **존재론**(Ontology)에다 그 첫 영문 알파벳을 대문자로 표기하고, 존재론 일반(ontology)과 구분하고 있다. 번역서에서는 고딕 글씨로 표기하고, '큰 존재론'이라고 약칭하였다.

이 책은 두 차례의 다른 연속 강연 내용을 담고 있는 제1부와 제2부로 이루어져 있다. 제1부에서는 큰 존재론(팽창존재론이나 축소존재론)이 윤리학과 논리철학, 수리철학 분야에서 어떤 형태로 자리하고 있는지 살피고, 그것이 실천적인 문제 해결을 오히려 가로막을 수 있다고 하여 사망을 선고한다. 그리고 퍼트남은 이러한 큰 존재론 대신 듀이와 비트겐슈타인 등의 입장에 서서 우리의 담론이 지닌 다양성을 인정하는 실용주의적 다원론을 채택할 것을 주장한다. 제2부에서는 플라톤적 계몽과 17~18세기의 계몽, 듀이적인 실용주의적 계몽에 관하여 이야기한다. 이 중에서 17~18세기의 **계몽**을 역시 고딕으로 표기하고, 그 계몽에서 우리가 멀리해야 할 특징을 찾는다. 계몽은 "반성적 초월"(통념에서 물러서서 '왜'라고 묻는)을 그 기본 특징으로 한다. 플라톤적 계몽은 종교적 광신에 대한 비판과 여성 평등의 주장에서 반성적 초월을 드러낸다. 큰 계몽은 사회 계약의 개념과 새로운 과학에 대한 추구에서 그러한 반성적 초월을 보여준다. 실용주의적 계몽에서 그러한 반성적 초월은 큰 계몽을 뒷받침하고 있는 지나친 오류 불가능성의 추구와 그에 따른 회의론을 배격하고, 회의론에 빠져들지 않으면서 오류 가능하게 실천적 문제를 해결하고자 하는 그 방식에서 드러난다. 퍼트남은 결국 실용주의적 계몽이 현대 사회에서 실천적인 문제 해결에 실질적인 기여를 할 수 있다고 보는 것이다.

이『존재론 없는 윤리학』은 그가 2002년에 발표한『사실 / 가치 이분법의 붕괴(The Collapse of the Fact / Value Dichotomy)』의 후속작으로서 내용상 이어지는 부분이 많다. 특히 윤리학 분야에서 이 책은 그 앞선 책의 결론을 담고 있다고 볼 수 있다. 그래서 역자 후기에서 그 둘을 연결하는 몇 가지 생각들을 짧게 제시하였다.

이 책을 번역하는 데 성균관대 철학과 대학원에 있는 여러 선후배들의 도움을 받았다. 특히 번역을 권유한 선배 박정희와 후배 이주희, 교정을 도와준 후배 전대석에게 감사를 표하고 싶다. 또한 어려운 철학서를 마다하지 않고 출판할 수 있게 도움을 주고 계시는 <철학과현실사> 사장님께도 철학인의 한 사람으로서 깊은 감사를 드린다.

2006년 8월
옮긴이 **홍 경 남**

# 감사의 말

이 책의 제1부는 2001년 10월에 페루자대에서 네 번에 걸쳐 행한 헤르메스 연속 강연으로서 ('존재론 없는 윤리학'이라는 똑같은 제목으로) 제시한 것이다. 나의 헤르메스 연속 강연 계획은 애초 2000년 5월에 지안카를로 마르체티(Giancarlo Marchetti)와 안토니오 피에레티(Antonio Pieretti), 카를로 빈티(Carlo Vinti)가 제기한 것이었다. 나는 다시 한 번 그들에게 내가 현재 가지고 있는 관심사에 관하여 강연할 기회를 준 것에 대하여, 그리고 "이탈리아의 녹색 심장"인 아름다운 움브리아 지방으로 초청해준 것에 대하여 따뜻한 감사를 드린다. 철학과의 모든 일원이 나에게 보여준 굉장한 환대에 대해서도 감사한다. 또한 내 강연들 중 하나의 의장직을 맡으면서 베풀어준 우의에 대하여 젬마 코라디-퓨마라(Gemma Corradi-Fiumara)에게 (그녀의 매혹적인 철학적 심리분석 연구서『마음의 정서적 삶(*The Mind's Affective Life*)』을 읽으면서 내가 얻은 지적 자극을 포함하여) 감사하고 싶다. 나는 또한 우리의 여행을 평온하면서 즐겁게 만들어주려고 너무나 애쓴 마르코 바스티아넬리(Marco Bastianelli) 학생에게 감사한다. 루스 안나와 나는 그가 철학에서 성공적인 길을 걷기를 바란다.

그 해(2001) 여름에 나는 암스테르담대 철학과의 바루후 드 스피노자(Baruch de Spinoza) 방문 교수였고, 나의 스피노자 강연물인「계몽과 실용주의(Enlightenment and Pragmatism)」는 이 책의 제2부를 이루고 있다. 스피노자직을 맡았던 나의 선임 교수면서 좋은 친구인 세일라 벤하비브(Seyla Benhabib)는 그녀의 스피노자 강연물 서문에서 이렇게 썼다. "스피노자와 마찬가지로 세파디 유대인인 나에게 스피노자 교수직의 후원 하에 그의 이름을 걸고 이 강연을 하게 된 것은 특별한 영예입니다." 나는 세파디 유대인이 아니라 아시케나지 유대인이지만, 그녀가 뜻한 것을 아주 잘 이해한다. 나의 강연들은 스피노자에 관한 것이 아니지만, 그 중심적인 문제인 계몽이 뜻하는 것은 스피노자의 마음에 가까운 것이다. 더욱이 나는 암스테르담에서 보낸 3개월 동안에 암스테르담에 있는 "포르투갈-이스라엘" 유대인회의 안식일 예배에 참석하여 환영을 받았다. 그런데 아이러니컬하게도 그 유대인회는 바로 스피노자를 추방한(말할 필요도 없이 오늘날의 회원들이 몹시 후회하는 행위인) 곳이 아닌가! 그리고 나는 항상 그 모임이 베풀어주었던 따뜻한 우의와, 유럽에 현존하는 유대인회들 중에서 가장 오래되고 큰 한 아름다운 공간에서 이루어지는 낯설기만 하였던 세파디 의식이 가진 깊은 영성을 기억하고 감사를 드리고 있다. 스피노자와 내가 같은 집회인 *미니안*의 회원이었다고 생각하니 참 이상하다!

나는 또한 암스테르담대 철학과 일원들의 따뜻한 우정을 늘 기억하며 감사를 드린다. 그들과의 사귐과 환대만이 아니라 나의 저작에 대한 그들의 관심과 비판적인 응답들은 귀중한 것이었다. 나는 그들의 이름을 모두 늘어놓지는 않을 것이다. 왜냐하면 나는 철학과의 모든 일원(학과장인 프란스 야콥스(Frans Jacobs)와 두 훌륭한 비서인 리아 빈체스(Ria Beentjes)와 윌리 반 비어(Willy van Wier)를 포함하여)이 진실한 나의 동료라고 느꼈기 때문이다. 하지만 나는 특히 헨트 드 브리스(Hent de Vries)에게 감사하고 싶다. 우리 둘 다 읍내에 있었던 거의 매일 나는 그를 보았고, 그의 지적과 친밀한 우정은 너무도 고마운 것이었다. 나는 또한 암스테르담대 철학과의 일원이 아닌, 두 철학자 파울라 마라티(Paula Marati)와 헤르만 필립스(Herman Philipse)를 언급하고 싶다. 그들과 친교를 맺고 대화를 나눈 것 또한 큰 즐거움이었다.

끝으로 나의 아내인 루스 안나 퍼트남(Ruth Anna Putnam)에게 한 번 더 감사하고 싶다. 그녀는 그 누구보다 더 나로 하여금 아메리카 실용주의 일반을 이해하게 하고, 특히 존 듀이(John Dewey)가 철학에 끼친 공헌의 의미를 이해하게끔 이끌었다.

힐러리 퍼트남(Hilary Putnam)

# 차 례

# 서 론

    존재론 없는 윤리학이라는 제목을 가진 책이 윤리학의 문제를 다루는 것과 비등하게 논리철학과 수리철학의 문제를 다루거나, 심지어 후자의 문제를 더 많이 다룬다는 것은 이상해보일 수 있다. 그렇지만 이는 우연이 아니다. 왜냐하면 나는 현대 철학을 개별적인 "분야들"(윤리학, 인식론, 심리철학, 과학철학, 언어철학, 논리철학, 수리철학 등)로 나누는 부적당한 구분이, 흔히 똑같은 논증과 문제들이 여러 분야에 걸쳐 일어나는 방식을 은폐하곤 한다고 믿기 때문이다. 예컨대 윤리학에서 "반실재론"을 옹호하는 논증은 사실상 수리철학에서 반실재론을 옹호하는 논증과 동일하다. 하지만 수리철학에서 그러한 논증에 반대하는 철학자는 대개 윤리학에서 그러한 논증에 찬성한다. 한 철학적 입장이나 논증이 이러한 특정한 "분야들" 중에서 오직 하나에 관한 것이어야 한다는 생각을 잠시라도 무시할 수 있을 때만, 우리는 철학이 항상 열망해온 통합된 시각을 되찾을 수 있다.

페루자대에서 헤르메스 강연(이 책의 제1부)을 해달라고 초대하였고, 이는 내가 오랫동안 말하려 했었다고 느낀 어떤 것을 공적으로 정식화하여 제시할 기회를 주었다. 나는 지난 세기 중반에 콰인(W. V. Quine)이 「무엇이 있는가에 관하여(On What There Is)」를 발표한 후에 다시 시작된 **존재론**(여기에서 큰 글씨 표기는 의도적인 것이다! 이하 큰 글씨 표기를 간략하게 "큰"이라고 칭하겠다)에 관한 (그리고 계속 이어지는) 존경이 분석철학의 모든 부분에서 파멸적인 결과를 초래했다고 말하고자 했다. 철학자로서 반세기에 걸친 내 자신의 활동 중에 발표한 여러 에세이에서 나는 다음과 같이 주장했다. 윤리학과 수학은 "플라톤적인 형상"이나 "추상적인 실재"와 같이 웅장하면서도 불가해한 대상에 관한 것이 아니면서도, 객관성을 가질 수 있고 객관성을 가지고 있다. 그리고 "존재한다"는 말이 유일하면서도 고정된 의미를 가진다는 생각은 우리가 돌을 던지는 생각이다. 달리 말하자면 그러한 생각은 잘못된 것이다. 그리고 나는 고전적인 미국 실용주의자들을 좇아서 윤리학을 단일한 인간적 관심사나 단일한 개념 집합과 동일시해서는 안 된다고 논증하였다. 하지만 이러한 전체 군의 논제들이 맺고 있는 상호 관련성을 보여주려고 시도한 적이 없었기에, 나는 그런 시도를 바로 이 일련의 강연에서 하려고 노력하였다.

이러한 시도에서, 나는 폭넓게 일반 대중을 대상으로 하여 강연해야 한다는 제약을 받아야 했다. 그렇지만 단지 그 논제들이 전문가들 앞에서만 논의하기에는 너무도 중요하기에, 나는 그 제약을 기꺼이 받아들였다. 특히 첫 번째 강연은, 내가 현 맥락에서 "존재론"으로써 뜻하는 것과 "윤리학"으로써 뜻하는 것을 비전문적인 방식으로 설명하려고 시도한다. 그 다음에 오는 제1부의 두 강연은 좀더 전문적인 것이다. 하지만 거기에서도 내가 꼭 도입해야만 하는 전문적인 개념들을 가능한 비전문적인 방식으로 설명하려 하였다. 개념 상대성에 관한 논의인 [강연 2]에서는 "존재한다"는 개념이 확장될 수 있고, 또한 지속적으로 확장되고 있는 개념이라고 말한다. 그렇게 함으로써 내가 뜻하는 바를 다양한 방식으로 (그 개념을 사용하는 핵심적인 사례들과 일관적이게끔) 설명한다. 그리고 "수들은 진정 존재하는가"라는 물음이, 존재론자들이 이치에 닿게 만들 수 없었던 문제를 묻는 것이라고 계속하여 논증한다. (이는 마치 "나는 존재한다로써 *존재한다*를 뜻한다"고 말하면서 발을 구르는 것과 마찬가지가 아닌가.) 제1부 마지막 강연에서는 첫 번째 강연에서 제기한 윤리학에 관한 주장들과 두 번째와 세 번째 강연에서 제기한 **존재론**에 관한 전체의 생각을 통합하여, **존재론**에 대한 부고를 공표함으로써 결론을 맺는다.

이 네 가지 강연에 시간적 제약이 있었다는 점과 그 강연이 누구를 대상으로 하였는지 생각해보자. 그러면 내가 윤리적 판단이 객관성을 결여하고 있다는 널리 퍼진 믿음을 거절하는 이유에 관해 자세하게 밝히거나, 논리철학과 수리철학에 관해 더 상세히 논의하는 것이 가능하지도 않았을 뿐더러 적절하지도 않았음을 알 수 있을 것이다. 윤리학에 관한 나의 생각은 『사실 / 가치 이분법의 붕괴(*The Collapse of the Fact / Value Dichotomy*)』(하버드대 출판부, 2002)에 제시하였고, 논리철학과 수리철학에 관한 나의 출판물 몇 가지는 이 책의 제1부에 나오는 두 번째와 세 번째 강연의 각주에 명시하였다. 내가 이 두 가지 주제를 다루는 일에 공통적인 요소가 있다면 그것은 다음에 있다고 생각한다. 나는 수학의 객관성에 관한 **존재론**적인 설명을 제공하려는 시도가 사실상 *수학적 진술들의 진리를 드러내기 위하여 수학의 일부가 아닌 이유들*을 제공하려는 시도라고 본다. 그리고 윤리학의 객관성에 관한 **존재론**적인 설명을 제공하려는 시도는 *윤리적 진술들의 진리를 드러내기 위하여 윤리학의 일부가 아닌 이유들*을 제공하려는 시도라고 본다. 나는 이 두 시도가 모두 크게 잘못된 것이라고 생각한다. 그것들이 잘못되었다는 사실과 어떻게 잘못되었는지 아는 것은, 이 분야에서 우리의 상식을 회복하는 데 절대적인 선결 요건이다. 바로 이것이 내가 이 책에서 독자를 설득할 수 있기를 바라는 것이다.

나는 제1부에서 존 듀이를 나의 "영웅" 목록에 있는 한 사람으로서 그린다. 특히 거기에서 나는 윤리학의 기능이 일차적으로 "보편적인 원리"에 도달하는 것이 아님을 강조한다는 점에서 그를 칭찬한다. 듀이와 나는 똑같이 윤리학자의 주요한 목표가 "체계"를 만들어내는 데 있는 것이 아니라, 실로 아리스토텔레스가 이미 알고 있었듯이 실천적인 문제를 해결하는 데 이바지함에 있다고 본다. 보편적 원리들이 많은 경우에 실천적인 문제를 해결하도록 우리를 *이끌* 수는 있다(적어도 그러한 원리들은 으레 마치 보편적이면서 예외 없는 것처럼 진술된다). 하지만 현실적인 문제를 보편적 일반화의 단순 사례로서 다룬다면, 거의 그러한 문제를 해결할 수 없다. 우리가 실천적인 문제를 해결 *하였을* 때, 한 "문제 상황"과 마주치는 과정에서 학습한 것을 별 문제 없이 다른 상황들에도 적용할 수 있는 보편적 일반화 형태로 표현할 수는 거의 없다. 그리고 듀이는 한 문제의 해결책이 항상 잠정적이면서 오류 가능하다고 주장했다. 칸트는 보편적인 도덕적 규칙을 정하려는 부류의 윤리 이론을 대변하는 *한* 위대한 대표자로서 여겨지곤 한다. 하지만 그러한 칸트조차도 자신이 "도덕 법칙"이라고 부르는 것을 스스로 "타고난 지혜"라고 부르는 것의 도움을 받지 않고서는 구체적인 상황에 적용할 수 없다는 것과, "타고난 지혜"나 "좋은 판단"이 알고리듬으로 환원할 수 있는 어떤 것이 아님을 잘 알고 있었다.[1]

내가 제1부에서 듀이를 나의 "영웅" 목록에 포함시킨 이유는 두 가지다. 첫째, 어째서 윤리학이 단일한 이해나 목표에 의존하지 않고 서로 다른 다양한 이해에 의존하는지 나의 생각을 보이려고 했다(나는 윤리학이 어쨌든 궁극적으로는 모든 인간의 이해에 의존한다고 말하고 있는 듀이를 상상할 수 있다). 둘째, 나는 윤리학이 (내가 비트겐슈타인으로터 빌려온 용어로)[2] "뒤범

1) 칸트에 관한 이러한 주장을 자세하게 설명하고 옹호하고 있는 것으로서 다음 논문을 참조. Juliet Floyd, "Heautonomy : Kant on Reflective Judgment and Systematicity", in *Kant's Aesthetics*, ed. Herman Parret (Berlin and New York : de Gruyter, 1998).

2) Ludwig Wittgenstein, *Remarks on the Foundations of Mathematics*, ed. G. H. von Wright, R. Rhees, and G. E. M. Anscombe (Oxford : Basil

벽(motley)"인 방식을 그려내려 했다. 듀이의 사상에 관하여, 또는 그 대신에 나의 "영웅" 중에서 누군가의 사상에 관하여 제1부에서 이것 이상으로 더 자세하게 들어가는 것은 필요하지 않았다. 헤르메스 강연의 목적은 존재론과 형이상학과 진리론을 잇는 잘못된 생각들을 비판하고자 하는 것이었기 때문이다. 그리고 나는 그러한 생각들이 윤리학에서 만큼이나 논리철학과 수리철학에서 우리의 사고에 나쁜 영향을 미쳤다고 본다. 하지만 이책으로 그 강연물을 출판하기로 마음먹었을 때, 「계몽과 실용주의(Enlightenment and Pragmatism)」라는 제목으로 2001년 여름에 암스테르담에서 행한 스피노자 강연물을 제2부로서 그것에다 덧붙이는 것이 좋겠다는 생각이 들었다. 스피노자 강연은짧긴 하지만 나의 "적극적인" 윤리적 사고를 묘사하는 것이다. 더욱이 그 강연은 윤리학의 문제를 우리의 현재 상황으로 이끌뿐만 아니라 현재 상황을 아주 많이 담아내는 역사적인 맥락에다 설정하고 있는 것이다.

나는 그 맥락을 17~18세기와 관련된 하나의 단일한 "계몽"으로서 **계몽**(큰 계몽)만이 있는 것이 아니라, *세 가지* 계몽이 있다는 생각의 도움을 빌려 기술한다. 그 세 가지 계몽 중에서 세 번째 것은 아직 완전히 열매를 맺지 못한 것으로서, 나는 그것을 존 듀이의 이름과 관련짓는다. (내가 기술하는 첫 번째 계몽은 플라톤과 소크라테스와 관련된 것이다.)

내가 뜻하는 "계몽들"은 우리의 인식론적인 사고와 윤리적인

---

Blackwell, 1956), p.84, §46, "수학은 증명 기술들의 뒤범벅이라고 나는 말하고 싶다."

사고에서 동시적으로 일어나는 혁명들이다. 윤리적이고 정치적인 문제들을 풀려고 할 때 우리가 지성을 사용해야 한다는 것은 아예 논쟁할 여지가 없는 것이다. 또는 그것은 이 분야에서 나올 수 있는 그 어떤 말만큼이나 논쟁할 여지가 없는 것이다. 그렇지만 계몽을 이끄는 사상가들은 특징적으로 우리가 실은 그러한 자명한 이치를 결코 적절하게 이해하지 못한다고 하면서, 윤리적이거나 정치적인 문제에 지성을 적용한다는 것이 무엇인지 알지 못한다고 말한다. 계몽 사상가들은 윤리적이고 정치적인 문제를 다루는 데 지성을 사용하는 것이 어떤 일인지 재고하면서, 으레 우리가 그런 많은 문제를 다루는 방식들에서의 개정과 "개혁들"을 제안한다. 제2부를 이루는 두 강연 중 첫 번째 강연에서 (두 번째 강연에서는 "계몽"이라는 개념에 대한 현대의 회의론을 반박하는 데 전념하였다), 나는 플라톤적인 계몽과 큰 **계몽**에서 이것이 어떻게 그리하였는지 기술한다. 그리고 듀이적 계몽을 제안하면서, 그것이 어떻게 그러한지 더 자세하게 기술한다.

듀이는 정당한 정부가 피지배자의 동의를 구해야한다는 점과 관련하여, 17~18세기의 **계몽** 사상가들과 의견을 같이한다. 하지만 그는 우리가 사회를 "사회 계약"에 기초한 것으로서 간주해야 한다는 생각을 전적으로 거절하는 점에서는 몇몇 가장 유명한 계몽 사상가들과 의견을 달리한다. 그 중에서도 특히 루소와 칸트와 의견을 달리한다. 좀더 놀라운 것은 듀이가 그 저술(예컨대 『확실성의 주구(*The Quest for Certainty*)』)의 상당량을 경험론을 폭로하는 데 바치고 있다는 것이다. 나는 "경험론의 폭로"로써, 경험론과 그것이 애호하는 도덕 이론인 공리주의가 모두 말로는 오류가능주의를 떠받들면서도 실제로는 얼마나 독단적인 것인지 보이는 일을 뜻하고자 한다. 듀이는 고전적인 경험론과 합리론이 한 가지 면에서 서로의 이미지를 반영한다고 본다. 합리론자들은 몇몇 가장 근본적인 자연 법칙들(기하학과 역학의 법칙들)을 선험적으로 결정할 수 있다고 주장했다. 반면 경험론자들은 *어떤 과학적 이론이든* 그것을 위한 *자료가* 가져야 하는 모든 형식을 단번에 결정할 수 있다고 주장했다. (경험론이 가지는 감각주의 인식론을 가지고, 실로 17세기 전반부에 걸쳐 과학철학에서 건재하였고 논리실증주의자들이 만들어낸 물리철학의 상당 부분을 붕괴시키는 데 이바지했던 인식론을 가지고 그리한 결정을 이루어낼 수 있다고 그들은 믿었다.)3) 사실 경험론은 그렇다고 인정하지는 않지만 독단적인 이론이요, 또한 잘 의식하고 있었듯이 환원적인 이론이었다. 세기 중반에 나온 유명한 비판적 에세이인 「경험론의 두 독단(Two Dogmas of Empiricism)」에서 콰인이 지적하였듯이, 환원주의는 실로 경험론의 중심적인 독단들 중의 하나였다.

19세기의 위대한 경험론 철학자 존 스튜어트 밀(John Stuart Mill)은 사회 개혁을 향한 듀이의 열정과, 과학적으로 훈련된 지성을 사회 개혁의 문제에 적용하는 것에 관한 듀이의 관심을 대부분 공유하였다. (여러 가지 면에서 듀이의 『논리학(*Logic*)』은 밀의 『논리 체계(*A System of Logic*)』4)에 대한 응답이었고, 특

---

3) 자세한 내용은 나의 다음 책에서 특히 처음 두 장을 참조. *The Collapse of the Fact / Value Dichotomy* (Cambridge, Mass. : Harvard University Press, 2002).

히 그 저작에서 사회 탐구의 시각에 대한 응답이었다.)5) 듀이는 밀의 전통적인 경험론적 믿음들, 특히 밀의 환원주의가 사회 탐구를 위한 실행 가능한 프로그램을 낳지 못했다고 본다. 밀은 차라리 현재 존재하지 않으며, 언제든 가까운 장래에도 존재할 것 같지 않은 형태의 사회과학을 우화로서 만들어내었던 것이다. 이러한 사회과학은 "사회의 법률들"을 완성된 개인 심리학으로부터 연역하는 공상적인 사회과학이다.

듀이가 사회 개혁만이 아니라 인식론 및 그 둘이 맺고 있는 상호 관계에도 관심을 기울였다는 사실로 인하여, 사람들은 그의 철학을 크게 잘못 이해하였다. 듀이는 *적어도* 확실히 민주적인 개혁들을 요청하였다. 그리고 사회 문제의 원인과, 그러한 문제를 해결하는 일에 가장 성공할 것 같은 개혁이 이루어지는 방식들에 관한 오류 가능하면서도 비환원적인 연구를 요청하였다. 그렇지만 듀이가 단순히 그러한 사회 활동가6)에 그친 것은 아니

---

4) John Stuart Mill, *A System of Logic, Ratiocinative and Inductive* [1843] (Toronto : University of Toronto Press, 1973).

5) 듀이의 *Logic* 및 그것과 밀의 *A System of Logic*의 관계에 관한 논의는 다음 논문을 참조. Hilary Putnam and Ruth Anna Putnam, "Dewey's *Logic* : Epistemology as Hypothesis", in *Words and Life*, ed. James Conant (Cambridge, Mass. : Harvard University Press, 1994), pp.198-220.

6) 예컨대 스탠리 카벨(Stanley Cavell)이 다음 논문에서 듀이를 그렇게 평하고 있음. "What's the Use of Calling Emerson a Pragmatist?" in *The Revival of Pragmatism*, ed. Morris Dickstein (Durham, N. C. : Duke University Press, 1998). 카벨에게서 특색 없이 무감각하다고 내가 생각하는 한 에세이에서 듀이에 관한 진술 중 가장 반대할 만한 것은 바로 다음 진술이다(p.79). "하지만 듀이가 요청하는 것을 다른 학과들이 마찬가지로, 어쩌면 철학보다 더 낫게 할 수 있을 것이다."

었다. 칸트처럼 듀이는 위대한 도덕철학자면서 위대한 인식론
자7)일 뿐만 아니라 위대한 미학자였다. 칸트와 마찬가지로 듀이
는 이러한 세 가지 학문 영역에 심오한 연결 고리들이 놓여 있다
고 보았다. 그래서 그러한 연결 고리들을 이해하지 않고서는 듀
이의 사상을 적절히 이해하기란 불가능하다. 이러한 연결 고리
들에 대한 것이 제2부 강연의 주제는 아니지만, 어쩌면 그러한
연결 고리들의 본성에 관한 어떤 생각을 제시할 수 있을 것 같다.
듀이의 미학 저작과 칸트의 도덕 저작에 공통적인 것은 인간 본
성에 관한 복합적인 시각이고, 이는 바로 칸트의 미학 저작과 도
덕 저작에 공통적인 것이라고 말함으로써 그러한 생각을 표현하
겠다. (그런 시각은 듀이의 『인간 본성과 행동(*Human Nature
and Conduct*)』에 가장 완전하게 제시되어 있지만, 그 주요한 특
징들은 이미 『윤리학(*Ethics*)』 1908년 판에 나타나 있다.)8) 지면
관계상 나는 여기에서 단지 그 한 측면인 도덕적 동기에 관한
듀이의 설명만을 언급하겠다.

　나는 제2부에서 다음과 같이 지적한다. 칸트와 달리 듀이는 도
덕적 동기가 독특하게 따로 있다는 생각을 모조리 거절한다. (그

---

7) 듀이는 "탐구 이론"의 학생이라고 자칭하기를 선호하였다. 그에게 "인식론"
이라는 용어는 극히 미심쩍은 데카르트적 회의론을 너무 많이 암시하였다. 그
럼에도 불구하고 루스 안나 퍼트남과 나는 그를 20세기의 가장 중요한 인식론
자들 중 한 사람이라고 여긴다("듀이의 *Logic*" 참조).

8) 제임스 터프츠(James H. Tufts)와 공저. 전체의 책은 다음 책의 제5권으로서
재출판되었다. *The Middle Works of John Dewey*, ed. Jo Ann Boydston
(Carbondale, Ill. : Southern Illinois University Press, 1978). 1908년 판에서 인
간의 본성에 관한 듀이의 시각에 관하여 내가 말할 때, 나는 듀이가 쓴 II부인
"Theory of the Moral Life"를 언급하고 있는 것이다.

생각을 칸트적 어조로 말해보자. 도덕적 동기는 복합적인 것으로서, 내가 자유 의지를 가진 합리적 존재라는 사실을 완전히 드러내려는 욕망이다. 이는 나 자신에게 하나의 법칙을 자유로이 제공함으로써 이루어진다. 칸트에 따르면 이 법칙은, 단순히 *모든 자유롭고 합리적인 존재가 그 자신에게 줄 수 있는 하나의 법칙을 그 자신에게 주려는 욕망에서 그 자신에게 줄 수 있는 유일하게 가능한 도덕 법칙이다.*)[9] 제레미 벤담(Jeremy Bentham)과 같은 공리주의자는 단일한 자연적 충동으로서 **동정**의 충동이 있고 이것이 반성 및 공평무사와 결합하여 윤리학의 모든 것을 낳을 수 있다고 생각하였다. 그런데 듀이는 이러한 생각 또한 거절한다. 따라서 1908년 판의『윤리학(*Ethics*)』에서 듀이는 이렇게 쓰고 있다.

　필요한 것은 동정적인 경향들을 자아의 모든 다른 충동 및 습성과 섞어 융합하는 일이다. 권력에 대한 관심에 애정의 충동이 스며들 때, 그것은 지배하여 학정을 행하려는 경향을 억제한다. 그 권력에 대한 관심은 이제 공통적인 목적들을 효율적으로 달성하는 일에 대한 관심이 된다. 예술적이거나 과학적인 대상들에 대한 관심이 비슷하게 융합될 때, 그러한 관심은 전문가 일반을 특징짓는 냉담하고 비정한 성격을 상실한다. 그리고 그것은 공통적인 삶의 조건들을 미적이면서 지적으로 적절하게 개발하는 것에 대한 관심이 된다. 동정

---

9) 현대 도덕철학에서 이러한 생각을 담고 있는 어떤 것을 좀더 자연주의적인 형태이긴 하지만 바바라 허만(Barbara Herman)과 크리스틴 코스가드(Christine Korsgaard)와 토마스 스캔론(Thomas Scanlon)의 (상이한) 도덕 이론들에서 찾을 수 있다.

은 그저 단순히 이러한 경향들 중 하나를 다른 것과 관련짓는 것이
아니다. 나아가 그것은 하나를 다른 하나의 목적들을 위한 수단으로
만들지도 않는다. 동정은 아주 친숙하게 그것들에 스며들어 그 모두
를 새로운 도덕적 관심으로 변화시킨다.10)

그리고 듀이는 그 단락을 다음과 같이 말하며 끝맺는다. 필요
한 것은 "한 습관적인 관점으로 변형된 동정이다. 이것은 그 사
람으로 하여금 모든 분명치 않은 결과들을 예견하는 데 관심을
가지게끔 만들, 한 관점의 요구 사항을 만족시킨다." (이는 벤담
이 호소한 변형되지 않은 자연적 본능으로서 동정과는 상반되는
것이다.)11)

듀이가 칸트적 설명에서 반대할 만하다고 생각한 것이, 칸트
가 가정하는 자유의 선험 형이상학만은 아니다. 듀이는 적어도
『실천이성비판(*Critique of Practical Reason*)』12)에서 그 형이상
학을 꿰뚫고 있는 원리로서, 자유로운 존재인 나의 "순수 이성"
에 따른 행위와 "성향"에 따른 행위의 이원론(성향에 따른 것은
단순히 우리의 동물적 본성을 나타내고, 순수 이성에 따른 것은
우리에게 있는 불멸의 영혼을 나타낸다)에도 반대한다. 그래서
듀이는 이렇게 쓰고 있다.

---

10) Dewey, *Ethics*, 1908년 판 (주 8 참조), p.272.
11) 같은 책, p.273.
12) 그의 세 번째 비판서인 『판단력비판(*The Critique of Judgment*)』에서 칸트
는 스스로 이러한 이원론을 극복할 필요에 관하여 말하고 있다(하지만 그러한
극복이 어떻게 달성될 수 있을 것인지는 신비로 남겨두고 있다).

도덕적 선의 내용과 자연적 만족의 내용을 나누는 어떤 고정된 선을 긋기는 불가능하다. 인간의 목적, 그 유일하게 올바른 목적은 여러 능력들을 그 적절한 대상들에서 가장 완전하면서도 자유롭게 실현함에 놓여 있다. 선은 우정과 가족 관계와 정치적 관계와, 기구적 자원의 경제적 이용과 과학 및 예술로 이루어진다. 그리고 이 모든 것은 복잡하고 다채롭게 변화하는 형태와 요소들을 가진다. 이에 필적할 도덕적 선이란 따로 없다. 또한 이에 필적할 공허한 "선의지"도 따로 없다.[13]

하지만 듀이는 좀더 익숙한 형태로 표현할 수 있는 칸트의 **정언명법**(네가 기꺼이 보편화할 용의가 있는 원칙들에 따라서만 행하라)이 결코 쓸모 없는 것이라고 여기지 않는다. 이와 관련하여 그는 다음과 같이 쓰고 있다.

제안된 한 행로가 가지는 완전한 의미를 실현하는 한 가지 방법으로서(물론 유일한 것은 아니지만) 우리가 영원히 그 원리에 따르기를 원하는지, 다른 이들로 하여금 그 원리에 따르게 하여 그 원리에 따라 우리를 대우하도록 하기를 원하는지 자문해보는 것보다 더 좋은 방법은 있을 수 없다. … 요컨대 한 목적을 일반화함으로써, 우리는 그것이 가지는 일반적인 성격을 분명하게 드러낸다.

하지만 이러한 방법은 (칸트가 그랬을 것처럼) 그저 단순하게 도덕 법칙을 구체적인 목적과 별도로 고려하는 것으로부터 출발하지 않는다. 한 목적으로부터 출발하여 그 목적을 그것과 관련이 있는 모든 것들과 함께 적절하게 탐사한 연후에, 지속적으로 그것을 반성

---

13) Dewey, *Ethics*, 1908년 판, p.273.

해나가는 방식으로 이루어진다.14)

윤리학을 단일한 생물학적 특질(동정과 같은)이나, 무엇이든 단일한 관심사나 하나의 규칙 내지는 규칙들의 체계로 환원하는 것에 대한 듀이의 거절은 통찰력 있고 현실적인 것이었다. 그리고 이러한 그의 거절은 실제로 그랬듯이, 지성 특히 *상황에 따르는* 지성이 그럼에도 여전히 정치적이고 윤리적인 문제를 해결하는 데 가능한 것일 뿐더러 필요한 것이기도 하다는 그의 주장과 맞물려 있다. 나는 이 두 가지가 그를 우리 시대와 특히 관련이 있도록 만든다고 믿는다. 그러나 공개 강연이든 교실 강의든, 내가 듀이에 관하여 말할 때 항상 제기되는 물음이 있음을 본다. 듀이가 "지나치게 낙관적"이지 않느냐는 물음이 그것이다. 하지만 이러한 책망은 듀이적 낙관론의 본성을 전부 다 놓치고 있는 것이다. 듀이 자신이 그것을 이렇게 설명하고 있다.

선은 결코 감각적으로 드러낼 수 없는 것이다. 또한 개인적인 이득을 계산함으로써 그것을 증명할 수도 없다. 선은 보이지도 않고 타산적으로 계산할 수도 없는 것을 향한 과감한 의지의 모험과 관련이 있다. 하지만 그러한 의지의 낙관론, 자신의 선택에 관한 한 선만을 진실한 것으로서 인정하겠다는 그러한 인간의 결정은, 주어진 상황이 드러내는 실제적인 것들을 있는 그대로 보려고 하지 않는 감정적인 거절과는 아주 다른 것이다. 사실 어떤 지적인 비관론은, 끝까지 아픈 점들을 들추어내어 폐해를 알고 찾아내며 어떻게 선인 체하

---

14) 같은 책, pp.283-284.

는 것이 흔히 사실적인 악을 은폐하기 위한 수단으로서 사용되곤 하는지에 주목하려 한다. 이러한 의미에서 지적인 비관론은 능동적으로 힘써 올바름이 이기게 하는 도덕적 낙관론에 필요한 부분이다. 도덕적 용기의 본질인 열망과 희망을 기운찬 동물적 쾌활성으로 환원시키는 다른 시각이 있을 수 있다. 이러한 시각은 어떤 것이든 스스로 선이라고 부르는 것을 무분별하게 추구하면서, 다른 사람들에게 가해지는 악을 보지 못한다는 점에서 맹목적인 야만에 가까운 것이다. 이는 감상에 빠진 맹목적 야만으로서, 관념론의 표어들을 화려하게 꾸미는 것이다.15)

듀이는 진보를 맹목적으로 믿는 사람이 아니었다. 차라리 그는 *전략적 낙관론자*였다.16) 그리고 전략적 낙관론은 우리가 현 시대에 꼭 필요로 하는 어떤 것이다.

그렇지만 나는 제2부 강연들을 집필하고 있을 때, 오늘날 "계몽"에 관하여 말하는 것이 황소 한 마리 또는 여러 마리의 황소에게 빨간 깃발을 흔드는 것과 같다는 사실을 알고 있었다. 그리고 그러한 이유로 마지막 강연(제2부와 이 책 둘 다의)에서 나는 계몽이라는 바로 그 생각과 관련하여 대륙 철학과 분석철학 양 진영에서 두드러진 비평가들을 돌아보고 그들의 비판에 답하였다.

---

15) 같은 책, p.371.

16) 나는 최근에 허버트 켈만(Herbert Kelman)이 이러한 방식으로 자신을 기술하는 것을 들었다. 내가 그 용어를 빌린 것은 그것이 듀이를 아주 완전하게 기술하기 때문이다.

# 제1부

## 존재론 없는 윤리학

# 강연 1 | 형이상학 없는 윤리학

안타깝게도 2000년 12월에 작고한 유명한 동료인 윌라드 반 오르만 콰인(Willard van Orman Quine)은, 40년쯤 전에 하버드대에서 한 유명한 철학자(나는 그의 이름을 말하지 않겠다)의 강연을 들었다. 콰인은 후에 그 강연에 관하여 생각한 것을 말해 달라고 요청을 받았고, 그는 더할 나위 없이 세련되면서도 친절한 어조로 이렇게 말하였다. "그는 큰 붓을 가지고 그림을 그립니다." 잠시 멈췄다가 이번에는 그리 친절하지 않게 콰인은 다음과 같이 덧붙였다. "그리고 그는 역시 붓 하나를 가지고 생각합니다!"

이 첫 강연에서 나 또한 "큰 붓을 가지고 그림을 그릴" 터인데, 네 차례 강연에서 내가 망라하고자 하는 것을 아주 일반적으로 설명하려고 애쓸 것이다. 그러나 이어지는 강연에서 나는 좀더 작은 붓을 쓸 것이다.


"존재론"으로써 내가 뜻하고자 하는 바는?

이 일련의 강연들(제1부)에 붙인 제목은 "존재론 없는 윤리학"이다. 나는 유럽에서(적어도 몇몇 나라에서) "존재론"이라는 단어를 가지고 좀더 쉽게 떠올릴 수 있는 것이 마르틴 하이데거(Martin Heidegger)의 "기초존재론"임을 알고 있다. 즉, 그 단어에서 떠올릴 수 있는 것은 아리스토텔레스의 『형이상학(*Metaphysics*)』에 이르기까지 거슬러 올라가는 전통적인 탐구나, 1948년 콰인의 유명한 논문인 「무엇이 있는가에 관하여(On What There Is)」의 발표 이래 현대 분석철학이 특정하게 변화시킨 존재론 개념이 아닌 것이다. 하이데거처럼 나도 존재론적 전통에 대하여 비판적인 입장에 서 있다(하이데거는 분석철학에 관하여 결코 많은 것을 배우려 하지 않았기에, 내가 가진 비판의 이유가 그가 가진 이유와 정확히 같지는 않을 것이다). 즉, 하이데거가 "존재-신학"이라고 비웃은 것에 관하여 비판적인 입장이다. 그리고 다시 하이데거처럼 나도 철학이, 존재론적 전통이 기꺼워했던 것보다는 일상의 삶에 필수불가결한 것을 훨씬 더 심각하게 생각하는 방식들을 택할 필요가 있다고 생각한다. 이러한 까닭에 나는 틀림없이 어떤 면에서는 하이데거의 진영에 있는 것으로 보일 수 있다. 아니면 비트겐슈타인 쪽에서 하이데거의 결론 몇 가지에 접근하는 것으로 보일 수도 있다.

하이데거만이 "*생활 세계(Lebenswelt)*"에다 가치를 부여하고, 그러한 생활 세계를 별로 심각하지 않게 받아들이려는 형이상학자들("분석철학자"라고 자칭하는 몇몇 형이상학자들을 포함하여)을 비난하는 20세기의 유일한 주요 철학자는 아니었다. 비트겐슈타인이 마찬가지로 그렇게 했고, 미국 실용주의자들, 특히 존 듀이가 그렇게 했다. 듀이의 철학처럼 나 자신의 철학은 오류 가능주의적인 것임에 틀림없다.[1] 그렇지만 비트겐슈타인처럼 그리고 실용주의자들과는 달리 나는 이렇게 생각한다. 나는 철학에서 가장 하기 어려운 일들 중 하나가, 회의주의자에게 승리를 넘겨 게임을 포기하지 않고 오류가능주의가 참임을 지지하는 방식을 찾아내는 일이라고 생각한다. 나는 특히 실용주의자들과 함께, 철학이 발견해야 할 일련의 실질적인 진리들이 있다는 생각을 전적으로 포기한다. 그렇지만 콰인이 그러하듯이, 우리가 현재 믿고 있는 모든 것을 교정할 수 있다는 확언이 이치에 닿는다고는 더 이상 생각지 않는다(나는 한때 그렇게 생각했다).[2]

이 모두는 내가 하이데거의 의미에서 "존재론"이라는 단어를 사용하지 않겠다고 말하는 완곡한 방식이다. 좀더 다른 전통적인 의미에서 존재론은 형이상학의 일부며(때때로 몇몇 철학자들

---

1) 이것은 내가 거의 10년 전에 이탈리아에서 강연하고 *Pragmatism : An Open Question* (Oxford : Blackwell, 1995)으로서 출판한 다른 강연집을 읽은 독자들이면 이미 아는 것이다.
2) 다음 책에 수록된 나의 논문 「수학적 필연성 재고(Rethinking Mathematical Necessity)」 참조. *Words and Life*, ed. James Conant (Cambridge, Mass. : Harvard University Press, 1994), pp.245-263.

은 그것을 사실상 형이상학의 전부인 것처럼 본다), 흔히 "존재
의 학"으로서 기술된다. 이 전통적인 의미의 존재론을 추구했던
가장 유명한 철학자들은 "팽창" 존재론자들이라고 불릴 수 있다.
고대 철학에서 가장 유명한 팽창 존재론자의 본보기는 우리에게
**형상 이론**을 제공한 플라톤이다. 적어도 그 이론이 전통적으로
해석되었다면 말이다.[3] 그러한 해석은 이번에는 특수한 종류의
팽창존재론적 시각을 위한 이름으로서 "플라톤주의"라는 용어
를 낳았다. 이러한 사례가 예시하는 바에 따르면, 팽창존재론자
는 통상적인 감각 지각과 상식으로는 알 수 없는 것들로서 실상
볼 수 없는 것들의 존재에 관하여 우리에게 말해줄 수 있다고
주장한다(마치 이는 현대 물리학이 우리에게 볼 수 없는 것들의
존재에 관하여 알려주듯이 그러한데, 단 고전적인 존재론자가
우리에게 말해주는 볼 수 없는 것들 중에서 이를테면 "플라톤적
인 **형상들**"이 현대 물리과학에 전혀 알려지지 않는 것임은 예외
로 한다). 더욱이 팽창 존재론자는 자신이 발견했다고 주장하는

---

3) 플라톤의 **형상들**에 관한 다른 (그리고 아주 흥미로운) 해석은 다음 책을 참
조. Antonia Soulez, *La grammaire philosophique chez Platon* (Paris : Presses
Universitaires de France, 1991). 안토니아 슐레즈의 책이 나의 주의를 끌게 된
것은 장-필립 나보(Jean-Phillippe Narboux)의 미출판된 논문인 "Wittgenstein
and Plato : Idioms of Paradigms"를 읽고서였다. 나보는 또한 논의가 분분한
길버트 라일(Gilbert Ryle)의 다음 논문을 인용한다. "Letters and Syllables in
Plato", in Ryle's *Collected Papers*, vol. 1 (New York : Barnes and Noble,
1971), pp.54-71. 좀더 최근에 나는 마일스 번옛(Myles Burnyeat)의 탁월한 다
음 강연에서 플라톤의 초월주의에 관한 또 다른 해석을 만날 수 있었다.
"Plato", *Proceedings of the British Academy 111, 2000 Lectures and Memoirs*
(Oxford : Oxford University Press, 2001).

이 볼 수 없는 것들이 최고로 중요하다고 생각한다. 플라톤을 이렇게 해석할 때, 그에게서 **형상들의 존재**, 특히 **선의 형상**이 존재함은 윤리적 가치와 책임의 존재를 설명한다. **형상 이론**은 **좋은 삶**이 실제로 어떤 것이고 **정의**가 실제로 무엇인지 (게다가 그 밖의 많은 것을) 우리에게 말해줄 수 있다고 주장한다.

물론 팽창 형이상학은 바로 현재까지도 여전히 이어지고 있다. 예컨대 무어(G. E. Moore)는 20세기 초에 찬사를 받은 책인 『윤리학 원리(*Principia Ethica*)』에서, 윤리적 판단들이 실제로 관여하는 것이 그가 *선*이라고 부른 단일한 초감각적인 성질이라고 공표했다. (무어는 그것을 "비자연적인" 성질이라고 불렀다.) *선*은 감각할 수 없고 자연과학이 탐지할 수 없는 것이다. 무어의 이론에 따르면, 그것은 또한 "단순"하여 다른 속성이나 성질들에 의해 분석될 수 없다. 그리고 이러한 측면에서 무어는 그것을 노란색과 같다고 가정하였다. 단 (무어가 지적했듯이) 노랑은 자연적인(사실 감각할 수 있는) 성질이지만, 단일하고 단순하다고 주장되는 선의 성질은 그렇지 않다. 그리고 플라톤주의자에게서와 마찬가지로 무어에게(무어의 윤리 이론은 플라톤적인 윤리 이론과는 전혀 달랐지만), 우리는 초감각적인 대상에 관한 특별한 직관(무어의 이론에서 어떤 사태가 최대량의 *선*을 소유하느냐 하는지에 관한 직관)에 의해서 올바른 윤리적 판단들을 규정한다.

더 나가기 전에 나아갈 방향을 설정하는 말을 한마디하겠다. 나는 "플라톤적" 형이상학이나 무어의 팽창 형이상학에 그릇된 점이, 정확히 "선"으로서 기술할 수 있는 사람이나 성질이나 활동이나 상황 등이 있다는 생각이 *아니라*고 본다. 그리고 플라톤의 『국가(*Republic*)』나 무어의 『윤리학 원리(*Principia Ethica*)』를 읽은 사람이면 누구든 *어떤* 활동과 사람과 성질이 그 소행에서 좋은 것인지에 관한 위대하고 귀중한 통찰의 순간들이 있음을 알고 있다. 나는 단 한 순간도 설혹 그 가장 팽창적인 형이상학자들이라 할지라도, 그들의 저술들로부터 많은 것을 배울 수 없다고 제안하고자 한 적이 없다. 하지만 우리가 어떤 신비하고도 장엄한 것을 가정함으로써 *왜* 어떤 사람과 성질과 활동과 사태가 좋은지 설명하였다고 생각한다고 해보자. 그 신비한 것은 "비자연적인" 어떤 것으로서 문제의 사람과 행위와 상황 등의 좋음 배후에 볼 수 없게 서 있는 것이라고 상정된다. 이 경우 우리는 그로써, 모든 윤리적 현상들과 모든 윤리적 문제들과 모든 윤리적 물음들과 실로 모든 가치 문제들을 단 *하나의* 논제인 이러한 단일한 초월적 존재인 *선*의 존재 여부로 환원시킨다고(또는 환원시켰다고 상상한다고) 볼 수 있다. 그리고 이러한 의미에서 우리는 한 형태의 *일원론*을 주장하고 있는 것이다.

아리스토텔레스를 비롯하여 윤리학자들은 윤리학과 관련하여 선에 관한 문제들만 있는 것이 아니라, "선의 형상"에 관한 말로는 답변을 줄 수 없는 덕에 관한 문제들[4]을 포함한 *많은* 문제들이 있다고 지적하였다. 그리고 그러한 반응은 별반 놀라울 일이 아니다. 이러한 문제들은 또한 18~19세기 윤리학자들이 덧붙이려 했듯이, 의무에 관한 문제와 책임에 관한 문제 등을 포함한다.

---

4) *Nicomachean Ethics*, 책 I, 6장.

그리고 **윤리학**에 있는 그 *많은* 종류의 문제들을 모두 다 하나의 단일한 문제로 환원할 수 있다는 가정은 결코 정당하다고 인정할 수 없는 것이다. 한 특정한 팽창 윤리학자가 홀려 있는 생각이 몇몇 문제들에 진실한 빛을 던져줄 수도 있다. 그렇지만 그 빛이 미치는 범위 밖에 있는 모든 문제들은 으레 어둠에 묻혀 있다.

물론 팽창 형이상학자들이 윤리학에 한정해 있는 것은 아니다. 우리에게는 또한 수학의 본성에 관한 형이상학적인 설명들과 전 역사 과정에 관한 형이상학적인 설명들(헤겔)과, 게다가 그 밖의 많은 것에 관한 형이상학적인 설명들이 있다.

나는 이제 팽창 형이상학들에 더하여, 철학의 역사에서 찾을 수 있는 존재론 추구의 두 가지 다른 방식을 언급하고 싶다. 이러한 방식들은 팽창적인 방식이라기보다는 축소적인 방식이다. 나는 그 방식들을 *환원주의*와 *제거주의*라고 부르겠다. 환원주의적 존재론자는 그 이름이 암시하듯이 "A는 다만 B일 뿐"이라고 말하거나, 이러이러한 것들은 다만 저러저러한 것들일 뿐이라고 말한다. 예컨대 "선은 다만 쾌락일 뿐"이라거나, "속성들은 다만 이름들일 뿐"이라고 말한다. 나아가 좀더 최근의 소견들을 보면, "윤리적 발화들은 다만 느낌의 표명들일 뿐"이라거나 "물리적 대상들은 다만 감각 내용들의 논리적 구성물들일 뿐"이라고 말한다. 잘 알려진 한 종류의 축소존재론인 *유명론*은 전통적으로 속성들과 같은 것들의 존재를 부인했다. 흔히 그것은 방금 기술한 환원주의적 형태를 취하고 있었다. 이는 마치 "속성들은(또는 사람들이 칭했던 대로 하면, '보편자들'은) 다만 우리가 다수의 서로 다른 사물들에 적용하는 이름들일 뿐이다"에서와 같이 그렇다는 것이다. 하지만 유명론은 다른 형식을 취할 수도 있다. 다른 한 부류의 유명론자는 다음과 같이 말할 수도 있다. "나는 속성들이 일반 이름들*이라고* 주장하지 않는다. 나는 속성이나 보편자와 같은 것들은 *없다*고 주장한다. 단지 특수한 것들이 있을 뿐이고, 이것들은 특수한 이름들이나 마음속의 특수한 감각 내용들이나 특수한 심상들을 포함한다." 이러한 부류의 유명론자는 제거주의자인데, 특히 속성들에 관한 제거주의자다. 마찬가지로 다음처럼 말하는 사람은 제거주의자인데, 특히 *선*에 관한 제거주의자다. "나는 선이 쾌락이라거나 또는 심지어 장기간의 쾌락이라거나 최장 기간에 걸친 최대 다수의 최대 행복이라고 말하지 않는다. *그러한 것은 없다.* 어떤 것이든 우리가 선이라고 부를 때는 언제든지, 그러한 속성이 조금이라도 있다고 가정하는 *실수를 저지르고* 있는 것이다."[5] 마찬가지로 "수들이나 집합들이나 함수들이나 다른 '수학적 실재들'과 같은 것들은 없으며, 수학은 일종의 *가상 놀이다*"라고 누군가가 말한다고 해보자. 이 경우 그는 제거주의자인데, 특히 수학적 대상들에 관한 제거주의자다.[6] 요컨대 제거주의자는 환원주의자처럼 단지 이러이러한 것들*만이 있을 뿐*이라고 말한다. 그 이러이러한 것들은 보통 우리말의 대상이라고 일컬어지는 것 중에서 아주 작은

---

5) 이것은 맥키(J. L. Mackie)가 다음 책에서 보인 견해였다. *Ethics : Inventing Right and Wrong* (Harmondsworth : Penguin Books, 1978).

6) 나는 수학과 관련하여 시몬 블랙번(Simon Blackburn)의 "유사실재론"이 이러한 제거주의 입장의 한 형태인 것으로 본다. 그의 다음 책 참조. *Spreading the Word ; Groundings in the Philosophy of Language* (Oxford : Clarendon Press, 1984).

일부다. 이것이 바로 내가 환원주의와 제거주의 양자를 축소존재론적 선략이라고 칭하는 이유다. 하지만 제거주의자는 환원주의자와는 다르다. 즉, 그는 이러이러한 것들만이 있는 이유가 우리말의 대상이라고 일컬어지는 것들("보편자들"에 관한 전통적인 형이상학적 토론의 경우 이름들과는 대립된 것으로서 속성들, 윤리적인 경우 가치와 의무와 책임과 덕 등, 수학적인 경우 수들과 함수들과 집합들)이 *진실로* 이러이러한 것들이기 때문이라고 말하지 않는다. 또는 우리말의 대상이라고 일컬어지는 것들에 관한 말을 어쨌든 이러이러한 것들에 관한 말(예컨대, 이름들이나 감각 자료들이나 쾌락이나 소립자들에 관한 말)로 "환원할 수 있는" 것이라고 말하지 않는다. 그는 우리의 일상적인 말이, 연금술이나 플로지스톤이나 마녀들에 관한 말만큼이나 인지적으로 잘못된 것이라고 말한다. 환원주의자의 목표는 우리가 "실제로" 말하고 있는 것을 우리에게 보여주는 것이다(그리고 우리가 실제로 말하고 있는 것은 그의 최소존재론과 양립 가능한 것이다). 제거주의자의 목표는 우리가 신비한 실재들에 관하여 말하고 있다는 것을 우리에게 보여주는 것이다. 하지만 양자는 모두 축소론자들이다. 어쩌면 철학의 역사에서 가장 유명한 두 축소존재론자들은 한편으로(*단지 원자들과 공허만 있을 뿐이다*) 데모크리토스와, 다른 한편으로(*단지 정신들과 그 관념들, 즉 마음들과 그 감각 내용들만 있을 뿐이다*) 버클리였다. 그리고 그들은 각기 유물론과 관념론에 관한 환원주의 버전과 제거주의 버전 양자를 내놓았다. 이 네 강연의 마지막에서 내가 **존재론**의 기획에 대한 부고장을 쓸 때, 그것은 이 팽창존재론 버전과 축소

존재론 버전 모두에 대한 부고일 것이다.

　나는 **존재론**(큰 존재론을 가리킨다)에 대신하여, *실용주의적 다원론*이라고 부를 수 있는 것을 옹호하겠다. 실용주의적 다원론자는 일상 언어에서 우리가 많은 서로 다른 종류의 담론들을 사용함이 결코 우연이 아님을 알아본다. 그러한 담론들은 서로 다른 기준들을 따르고, 서로 다른 부류의 적용 사례들을 가지며 서로 다른 논리적이고 문법적인 특징들을 띠고 있는 담론들이다. 즉, 비트겐슈타인이 말하는 서로 다른 "언어 놀이들"인 담론들을 사용한다는 것이, 결코 우연이 아님을 인식한다는 것이다. 모든 실재를 기술하는 데 충분할 수 있는 단 한 종류의 언어 놀이가 있을 수 있다는 것은 다만 환상일 뿐이다!

　어쩌면 실용주의적 다원론은, 내가 제거주의를 그 유물론적이거나 데모크리토스적인 형태와 그 관념론적이거나 버클리적인 형태 둘 다에서 거절하는 이유를 분명히 할 수 있을 것이다. 하지만 왜 나는 팽창(예컨대 "플라톤적인") 형이상학을 거절하고 있는 것일까? 이렇게 답한다. 나는 실용주의자들과 더불어 그리고 다시 비트겐슈타인과 더불어, 실용주의적 다원론이 우리의 언어 놀이들 *배후에 있는* 신비스럽고 초감각적인 대상들을 찾아내라고 요구하지 않는다고 생각하기 때문이다. 언어가 쓰이고 있을 때 우리가 실제로 하고 있는 언어 놀이들에서 진리를 말할 수 있다. 다소 실용주의적으로 바꾸어 표현하면, 철학자들이 그러한 언어 놀이들에 덧붙여왔던 팽창들은 비트겐슈타인이 말했듯이 "엔진 공회전"의 사례들이다.[7] 이 첫 강연에서 나의 목적은 단지 내가 "존재론"이라는 용어를 사용하고 있는 방식을 드러내려는 것이다. 그래서 당장은 여기서 멈추겠다.


## 내가 "윤리학"을 이해하는 방식

원리들(예컨대 **황금률**이나 그 세련된 계승자인 **정언명법**)이 확실히 윤리학의 일부이긴 하지만, 나는 "윤리학"을 그러한 원리들로 이루어진 한 체계의 이름이라고 이해하지 않겠다. 나는 차라리 윤리학을 상호 연관되어 있고 상호 지지할 뿐만 아니라, 부분적인 긴장 관계 속에 있는 것이라고 여기는 관심사들로 이루어진 한 체계라고 이해하겠다. "큰따옴표" 없이 "윤리학"이라는 단어를 사용할 때, 나는 그것에다 그렇게 넓은 의미를 부여하지는 않겠다. "사회생물학자들"과 더불어, 예컨대 "윤리학"이 모든 인간 문화에 있는 이유가, 모든 문화에 공동체의 생존을 위하여 기꺼이 희생하려는 개체들이 있기 때문이라고 말할 만큼 넓은 의미를 부여하지는 않겠다. 개체보다는 더 큰 것인데 적어도 공동체만큼 큰 어떤 것에 충성하는 인간의 능력은, 내가 쓰는 용어로 윤리학의 한 *전제 조건이다.* 하지만 그러한 능력의 실행은, 예컨대 (다른 이들의 복지에 대한 관심이 아니라) 용기와 "남성적인 용감"을 주요한 덕들로서 여기는 "윤리학"(큰따옴표에 주목하라!)과 양립 가능한 것이다. 전쟁과 *사내다움*의 찬미가, 사실 인간 문화의 역사에서 고통을 겪는 이의 성이나 계급과는 무

---

7) Wittgenstein, *Philosophical Investigations* (Oxford : Blackwell, 1953), §88.

관한 고통 경감에 관한 강조보다 더 오래된 것일 수도 있다. 그렇지만 내가 "윤리학"이라는 이름으로써 지칭하는 것은 고통 경감과 관련한 이 후자의 시각이다. 이는 서구의 종교적 전통들만이 아니라, 이슬람교와 유교와 힌두교와 불교와 같은 세계의 위대한 종교적 전통들에 깊은 뿌리를 내리고 있는 것이다. 사실 내가 "윤리학"이라고 부르는 것은, 정확히 니체가 애도하면서 나약함이나 심지어 병으로서 간주했던 도덕이다(이는 사내다움과 육체적 용기의 윤리학이 오늘날 결코 우스꽝스런 후퇴가 아닐 것이라고 생각한다는 혐의를 씌워 니체를 고발하려는 것이 아니다).

이러한 의미에서 윤리학과 관련되어온 무한하게 많은 수의 관심사가 있고, 특히 현대 민주주의가 일어난 이래 동정심의 윤리학이 있다. 하지만 내가 기껏해야 할 수 있는 일은, 역사를 거슬러 올라가는 순서이긴 하지만, 레비나스와 칸트와 아리스토텔레스라는 세 철학자의 이름을 드는 것이다. 그리고 그 이름들을 가지고 적어도 몇 가지 주요한 관심사들, 어쩌면 가장 중심적인 관심사를 지적하는 것이다. 내가 레비나스를 처음에 언급하는 이유는, "존재론 없는 윤리학"이라는 나의 제목이 충분히 레비나스 저작들 중 하나의 제목일 수 있었기 때문이다. 레비나스 철학의 중심에 있는 주제는, 윤리학을 존재 이론으로 환원시키려는 모든 시도들 내지는 윤리학을 존재에 관한 이론인 존재론에다 정초시키려는 모든 시도들이 파멸적인 실패로 끝난다는 것이다.[8]

---

8) 이와 관련, 레비나스의 다음 책과 소논문 참조. *Otherwise than Being ; or Beyond Essence*, trans. Alphonso Lingis (Dordrecht : Kluwer, 1991). "Ethics as First Philosophy", in *The Levinas Reader*, ed. Sean Hand (Oxford : Oxford

이는 실로 전통적인 의미에서나 하이데거적인 의미에서나 *어느 의미에서*든 그러한 것이다. 레비나스에게서 환원 불가능한 윤리학의 기초는, 고통을 겪고 있는 동료 인간과 마주하였을 때 *내가* 어떤 것을 할 책임이 있다는 *나의* 즉각적인 인식이다. 확실히 레비나스가 잘 알고 있듯이, 우리들 중 누구도 고통받고 있는 다른 인간을 모두 도울 수는 없다. 그리고 그가 "제3"이라고 부르는 것을 도울 책임이, 특정한 인간을 도울 책임에 우선할 수도 있다. 그렇지만 고통을 겪는 이를 도울 책임을 전혀 느끼지 않거나, 내가 할 수 있다면 나는 도움을 *주어야 한다*고 인식하지 않는다고 해보자. 또는 내가 마주친 고통을 겪는 사람이 *멋지거나* 또는 *마음이 통하거나* 또는 *내가 알 수 있는* 누구일 때만 그러한 책임을 느낀다고 해보자. 우리를 인도하거나 우리가 기꺼이 몸을 바치는 원리가 아무리 많다고 하더라도, 이러한 것은 결코 윤리적인 것일 수 없는 것이다.[9]

나는 칸트를 언급하였다. 확실히 팽창 존재론에 대한 나의 공격은 칸트적 정신 안에 있는 것으로 보일 수 있다. 왜냐하면 칸트는 위대한 근대 철학자들 중에서 세계를 "그 자체" 있는 대로 기술하는 전통적인 형이상학적 기획을 포기하는 첫 번째 철학자였기 때문이다. 말하자면 그는 정확히 당대의 존재론만이 아니라 고대 존재론의 기획을 포기하였다. 하지만 이와는 반대로 칸

---

University Press, 1989).

9) 이러한 생각을 설명하고 논의한 것으로서 나의 다음 논문 참조. "Levinas and Judaism", in Robert Bernasconi and Simon Critchley, eds., *The Cambridge Companion to Levinas* (Cambridge : Cambridge University Press, 2003).

트를 팽창 존재론자로서 기술할 수도 있다. 왜냐하면 전통적인 존재론의 기획을 포기하고 있기는 하지만, 그는 정신의 능력들에 관한 이론에 기초하여 그렇게 하고 있기 때문이다. 정신의 능력들에 관한 이론은 형이상학에 *앞선* 것이라고 생각된다. 그렇지만 (이미 헤겔이 간파했듯이) 그러한 이론은 철저하게 형이상학 투성이인 이론이다. 칸트의 근본적인 심리학적 구분들, 예컨대 그가 구분한 이성과 성향의 확실한 분리(적어도 첫 번째와 두 번째 *비판서*에서)와 그러한 분리에 기초한 그의 믿음은 실로 내가 "팽창존재론"이라고 불러온 것의 완전한 사례들이다. 칸트는 성향의 인도를 받는 사람은 단순히 결정적인 힘에 예속된다고 믿는다. 그리고 이성의 인도를 받는 사람은 모든 "합리적인" 사람이 자신을 위해 입법할 수 있는 규칙들에 의해 살기를 사실상 원할 것이라고 믿는다. 그러나 이것은 내가 칭찬하기를 원하는 칸트의 면이 아니다. 나는 도덕철학의 분야에서 칸트가 거둔 위대한 업적이 오히려 **정언명법**이라고 생각한다. (이는 실로 거의 **황금률**을 넘어서지 못하는 한 실천적인 지침으로서가 아니라, 윤리학이 *보편적*이라는 생각을 드러내는 한 강력한 진술로서 그러하다. 즉, 이는 윤리학이 고통의 경감에 관계하는 한에서, 그것은 *모든 사람*의 고통 경감과 관계한다는 생각이다. 또는 윤리학이 실제적인 행복과 관계한다면, 그것은 *모든 사람*의 실제적인 행복과 관계한다는 생각이다.)

다시 나는 이 **정언명법**이 칸트에 이르러 비로소 *윤리학*에 들어온다고 주장하기를 원치 않는다. 나는 도덕적 평등과 보편적인 도덕적 관심이라는 관념들이, 예루살렘에 근거지를 둔 종교들에 이미 있다고 생각한다10)(그러한 관념들은 인간이면 누구나 신의 모습대로 창조된다는 생각에 내재해 있다).11) 이러한 관념들은 또한 유교에서, 예컨대 가장 비천한 사람들의 문제들(실업과 전쟁과 가난을 포함하여)에 대한 공자(마찬가지로 다른 중국 철학자들)의 끝없는 관심에서 보인다. 또한 중국 사상가들은 누구나 현인일 수 있고 아무도 현인이 아니라는 것 둘 다를 우리에게 말하는 것 같다는 사실에서도 그러한 관념들을 찾을 수 있다.12) (힌두교와 불교에서도 비슷한 사례들이 주어질 수 있다.)

---

10) 이 점에 관해서는 나의 『실재론의 여러 얼굴(*The Many Faces of Realism*)』 (LaSalle, Ill. : Open Court, 1987) 참조.

11) 이것은 탈무드의 현인들이 조심스럽게 지적하고 있듯이 우리가 모두 똑같다는 것을 의미하지 않는다. 이는 바빌로니아 탈무드인 *Sanhedrin* 37a에 다음과 같이 표현되어 있다. "인간이 하나의 틀을 사용하여 수많은 동전들을 주조할 때, 그 모든 것들은 서로 유사하다. 이에 반하여 왕들 중의 왕이신 복되신 그분께서 인간들을 당신의 틀로 찍어낼 때, 그들 중의 단 하나도 그의 동료와 같지 않았다."

12) 『논어』에서 공자는 다음과 같이 말한다(VII, 30). "자선[이나 '박애']은 진실로 멀리 있는 것인가? 나는 그것이 여기에 있게 되자마자 바로 그것을 욕구한다." 마찬가지로 맹자(뚜 웨이밍(Tu Weiming)이 *Confusian Thought : Selfhood as Creative Transformation* [New York : SUNY Press, 1985], p.61에서 인용한)는 다음과 같이 진술하고 있다. "한 사람이 완전한 깨달음을 얻는 것은 그 자신의 본성을 이해하는 것이요, 그 자신의 본성을 아는 사람은 하늘을 알 것이다." (이것을 수반하는 가르침에 비추어 읽을 수 있다. "나 자신에게 참일" 방식은 다음과 같다. "당신 자신이 대우받기를 바라는 대로 다른 이들을 대우하려고 최선을 다하라. 그러면 이것이 박애에 이르는 가장 빠른 길임을 알게 될 것이다.") 이러한 사상가들 그 누구에게서도 단지 한 엘리트만이 웨이밍이 "창조적 변형"이라고 칭하는 것을 할 수 있다는 암시란 없다. 마찬가지로 저우 던이(Zhou Dunyi)는 *Tongshu* (20장, "Sagely Study")에서 다음과 같이 쓰고 있다. "나에게 현명함을 물어온다면, 그것을 연구할 수 있는가? 나는 예!라고 말할 것이다"(갈리아 패트-샤머(Gallia Patt-Shamir)에 의한 미출판 번역본). 그러

칸트가 평등의 관념을 철학적으로 처음 다루었던 것도 아니다. 마르타 너스바움(Martha Nussbaum)이 지적했듯이, 우리는 고대 스토아철학에서 강력한 정식들을 발견할 수 있다.13) 하지만 스토아철학 이후에 로마 제국의 증가하는 자본 가치화(그리고 후에 군주 정체)와 더불어 *보편적인* 윤리적 평등의 관념은 천 년 이상 대부분 사라졌다. 그러다가 계몽에서 그리고 프랑스혁명에서 전 세대를 휘저은 관념으로서 다시 나타났다. 그리고 무엇보다도 자신의 시대만이 아니라 후속하는 시대들을 위해서, 그 관념인 보편주의라는 주제를 가장 강력한 방식으로 정식화한 사람은 바로 칸트였다.

아리스토텔레스 또한 나의 목록에 있다. 스토아철학자들과 후대 철학자들은 아리스토텔레스를 보편론적 (또는 "세계주의적") 사상가로 변모시켰다. 하지만 아리스토텔레스의 『니코마코스 윤리학(*Nicomachean Ethics*)』이 아주 굉장히 훌륭한 책이라고 하더라도, 나 자신은 그것에서 보편적인 공동체에 대한 분명한 관심을 찾지 못하겠다. 아리스토텔레스의 윤리학은 오히려 "가장 훌륭한 인간 삶의 본성은 무엇인가?"라는 물음과 관계가 있다. 그리고 우리는 가장 훌륭한 인간 삶이 단지 *하나의* 종류만이 있

---

나 동시에 공자는 우리에게 다음과 같이 말한다(『논어』, VII, 26). "나는 현인을 만날 아무런 희망도 가지고 있지 않다." 다음 논문에 이러한 두 종류의 진술들이 역설적으로 공존함에 관한 훌륭한 논의가 들어 있다. Gallia Patt-Shamir, "The Riddle of Confucianism : The Case of Tongshu" (박사 학위 논문, Harvard University, 1997).

13) 너스바움의 다음 책 참조. *Cultivating Humanity* (Cambridge, Mass. : Harvard University Press, 1997).

다는 것에 대하여,『니코마코스 윤리학』의 X권에 동의할 필요가 없다. 많은 서로 다른 형태의 인간 행복이 있고, 기껏해야 인간 행복의 유형들을 부분적으로 순서지울 수 있을 따름이라고 인정할 수 있다는 것이다. 그렇지만 여전히 나는『니코마코스 윤리학』이, "인간 삶을 무엇이 훌륭하게 하는가?"라는 물음에 대한 고전적인 명상("고전적인"이라는 단어가 뜻하는 모든 의미에서)을 이루어내고 있는 것으로 바라본다. 나는 특히 인간 행복(eudaimonia)을 "완전한 삶에서 덕에 따른 영혼(인간의 마음과 정신 전부)의 활동"으로 정의하는 그 위대한 아리스토텔레스적인 정의가, 2000년 이전이나 오늘날이나 심오한 것임에 틀림없다고 생각한다.[14]

극도로 상황적인 레비나스적인 윤리학의 관심사와, 칸트와 아리스토텔레스의 관심사들에는 팽팽한 긴장 관계가 놓여 있다. 레비나스의 사고 실험은 항상 내가 이미 많은 다른 인간들에 대한 책임을 지고 있을 당장의 가능성은 무시하면서, 내가 *한* 단일한 고통을 겪는 인간과 마주친다고 상상하는 것이다. 나는 *이* 인간을 도울 책임을 느낀다고 상정된다. 이러한 책임은 한 칸트주의자가 그렇듯이 한 *원리*에 따를 책임으로서가 아니라, *바로 그 인간에 대한* 책임으로서 내가 경험할 수 있는 책임이다. 이에 비하여 나는 적어도 하나의 보편적인 *원리*를 가진다는 점에 대한 칸트의 관심은 명백히 우리를 다른 방향으로 끌고 간다. 그 원리는 다른 사람의 인간성을 항상 목적으로 대우하고 단순히

---

14) *Nichomachean Ethics*, 책 I, 7장.

수단으로 취급하지 말하는 원리다. 그리고 이러한 원리는 내가 효용성을 고려하여 포기함을 허용하지 않을 원리다. 나아가 다른 이를 즉각 인식하는 것에 관한 레비나스적인 관심과 원리에 관한 칸트적인 관심 둘 다는, 인간 행복에 관한 아리스토텔레스적인 관심과 상충하는 것이라고 간주되어 왔다.

하지만 나는 사태를 그렇게 보지 않는다. 그 긴장 관계는 실재하는 것이지만, 상호 지지 또한 그러한 것이다. 헤겔이 이미 논증하였듯이, 나는 칸트적 윤리학이 사실 다음 조건이 주어지지 않는다면 공허하고 형식적인 것이라고 논증하였다.[15) 즉, 우리는 그것에다 정확히 아리스텔레스적인 윤리학과 레비나스적인 윤리학에서 나온 것이지만 다른 방향들을 향하고 있는 내용을 공급해야 한다. (그러한 다른 방향들 중에서, 오늘날 민주주의에 관한 관심들과 관용에 관한 관심들과 다원론에 관한 관심들만이 아니라 마땅히 다른 많은 관심사를 언급할 수 있겠다.) 그리고 레비나스는 다음의 사실을 올바르게 환기하고 있다. 윤리적인 인간이 **정언명법**에 따라 행하기는 하지만, 그 초점은 추상적 규칙으로서 칸트적 원리에 맞추어지지 않는다. 그러한 초점은 그가 도우려고 애쓰는 특정한 다른 사람에게 맞추어지는 것이다.

그러나 오늘날에 이르기까지 대부분의 윤리학자들은, 여전히 내가 열거한 관심사들 중에서 하나 또는 다른 하나를 선택한다. 그들은 어쩌면 단순히 쾌락의 극대화에 대한 공리주의적 관심

---

15) 나의 다음 책 7장의 "Values and Norms" 참조. *The Collapse of the Fact / Value Dichotomy and Other Essays* (Cambridge, Mass. : Harvard University Press, 2002).

(가장 오랜 기간에 걸친 최대 다수의 최대 쾌락 또는 그 정식을 계승하는 것)을 선택한다. 그리고 그들은 다른 관심사들의 윤리적 중요성을 부인하거나, 그것들을 자신들이 좋아하는 관심사로 환원시키려고 시도한다. 그 윤리학자들은 마치 윤리학을 단 하나의 기둥 꼭대기에 세운 장엄한 동상인 것처럼 바라보고자 하는 것 같다.

내가 가진 이미지는 다소 다르다. 나의 이미지는 다리가 여럿 달려 있는 탁자 이미지일 것이다. 다리가 여럿 달려 있는 탁자를 고르지 않은 바닥에 놓으면 흔들리겠지만, 막상 그것을 뒤집기는 아주 어렵다는 것을 우리 모두 잘 알고 있다. 그리고 이것이 내가 윤리학을 바라보는 방식이다. 다리가 여럿 달려 있는 탁자처럼, 많이 흔들리지만 뒤집기는 아주 어려운 것이 바로 윤리학이다.


## 실천적인 문제들

이제 나는 다른 한 철학자와 다른 한 관심사만이 아니라 다른 한 개념까지 전부 등장시키려 한다. 그 철학자는 존 듀이(John Dewey)다. 듀이는 사실상 윤리학의 모든 측면에 관하여 글을 썼고, 모든 역사적 인물들에 관하여 썼다. 또한 그는 칸트처럼(그러나 거의 모든 당대의 윤리학자들과는 달리) 미학에 관한 주요 저작을 발표하였다. 그렇지만 나는 그의 사상이 가지는 단 하나의 특징에 초점을 맞추겠다.[16] 내가 듀이의 사상에서 강조하고

픈 것은 윤리학이 *실천적인* 문제들의 해결과 관계가 있다는 생각이다. 하지만 우리는 흔히 서투르게 실용주의를 모방하거나 풍자하는 그림들과 마주치곤 하기에, 나는 즉시 다음과 같이 말해야 한다. 여기에서 "실천적인 문제들은" 단순히 "우리가 실제로 마주치는 문제들"을 뜻한다. 이러한 문제들은 추상적이거나 이상화되어 있거나, 이론적인 문제들과는 반대로 구체적인 상황에서 비롯한 문제들이다. "실천적인"은 "도구적인"을 뜻하지 않는다. 한 실천적인 문제의 해결책이 대체로 도구적인 사고를 *일부 포함하기는* 하지만 말이다. 중요한 점은, 실천적인 문제들이 철학자들의 이상화된 사고 실험들과는 달리 전형적으로 "흐트러진(messy)" 것이라는 점이다. 그러한 문제들에 대한 명쾌한 해결책은 없다. 그렇지만 주어진 실천적 문제에 접근하는 더 좋은 방식들과 더 나쁜 방식들이 있다. 물리학을 모범으로 하는 "과학적인"이라는 의미에서, 우리는 보통 한 실천적인 문제에 대한 "과학적인" 해결책을 찾기를 기대할 수 없다. 그리고 대개 사회과학의 통계적 연구를 모범으로 한 "과학적인" 연구라는 의미에서조차도, 그렇게 기대할 수 없다. 듀이가 강조했듯이, 문제들이 대규모적인 사회 문제들일 때 사회과학적 연구가 확실히 그러한

---

16) 사실상 듀이의 저작은 모두 이러저러하게 윤리학에 관한 것이다. 내가 여기에서 강조하고 있는 측면과 관련하여 다음 책들을 참조. *The Quest for Certainty*, vol. 4 in Jo Ann Boydston, ed., *The Later Works of John Dewey* (Carbondale, Ill. : University of Southern Illinois Press, 1981-1990). *Reconstruction in Philosophy*, vol. 12 in Jo Ann Boydston, ed., *The Middle Works of John Dewey* (Carbondale, Ill. : University of Southern Illinois Press, 1976-1983). *Ethics*, vol. 7 in *The Later Works of John Dewey*. Human Nature and Conduct, vol. 14 in *The Middle Works of John Dewey*.

과학적인 연구의 필수적인 일부인데도 그러하다. 여기서 잠시
짚고 넘어가고 싶은 것이 있다. 많은 윤리적 견해들이 *논쟁의 여
지가 있다*는 사실과, 그러한 견해들이 으레 *실천적인 문제들*에
대한 응답으로서 제기된다는 사실이 맺고 있는 관계가 그것이
다. [강연 4]에서 이러한 관계를 다시 다룰 것이다.

　"논쟁의 여지가 있음"에 관하여 말할 때, 나는 예컨대 "왜 나는
조금이라도 고통에 관하여 마음을 써야 하는가?"와 같이 철저히
회의적 본성을 지닌 문제들이 불러일으킨 논쟁들을 염두에 두고
있는 것이 아니다. 내가 윤리학을 구성하는 것으로서 기술한 전
체 제반 관심사들의 범위 밖에 누군가가 서 있다고 해보자. 나는
그런 이가 오직 논증에 의하여 그러한 관심사들 중 어느 하나라
도 공유할 수 있다고 믿지 않는다. 또한 그 사람이 *비윤리적인*
이유에 힘입어 윤리적으로 행하게 되었다고 해보자. 이 경우 결
과적인 행위가 "윤리적"일 수 있다고 하더라도, 그 *사람*은 윤리
적인 사람이 되지 못하였을 것이다(어쨌든 그 단계에서는 아니
다). 나는 일찍이 "용기와 남성적 용감"의 윤리학을 "남자다움을
강조하는" 윤리학으로서 기술하였다. 역사적으로 그러한 윤리학
은, 승부를 거절한 사람이 필연적으로 "겁쟁이"인 것은 아님을
다수의 사람들이 알기 시작했을 때 비로소 폐지되었다고 나는
생각한다. 세계의 위대한 도덕적 본보기들로서 불타와 모세와
공자와 예수와 소크라테스 등 많은 이들을 살펴보자. 그들은 영
웅적인 로마 장군이나 바이킹 두목 등의 편에 서기보다는, 약탈
과 정복의 희생자들이나 가난하고 짓밟힌 사람들의 편에 섰다.
그리고 그 자리에 영광과 그래서 존엄이 있을 수 있음을 *삶* 속

*에서* 증명하였다. 그러나 윤리적인 삶 속에 서 있음을 외부로부터 정당화할 방식은 없다는 사실이, 추론과 정당화가 윤리적인 삶 속*에서* 아무런 자리도 차지하지 못한다는 것을 뜻하는 것은 아니다. 내가 윤리학을 구성하는 것으로서 기술한 관심사들을 공유하는 사람들은 여전히 서로 의견 차를 보이곤 함을 스스로 깨닫는다. 그리고 이러한 명백한 이유로 인하여, 윤리적인 삶 속에서 추론과 정당화는 필요한 것이다.

몇몇 철학자들은 의견 차의 지속이 실로 윤리학에서 발견할 수 있는 진리나 정당화란 없다고 생각할 이유라고 제안했다(어떤 이유로 그들은 통상 *바로 이 문제*에 대한 의견 차를 포함하여 철학에 지속적으로 자리한 의견 차가, 그들 자신의 견해를 포함한 철학적 견해들이 결코 참이거나 정당화될 수 없음을 뜻한다고 제안하지는 않는다). 그리고 종종 그들은 사실적인 의견 차에 대한 장밋빛 그림을 그림으로써 이러한 제안을 뒷받침한다. 이 그림에서 모든 사실적인 의견 차들은 올바른 하나의 답변으로 "수렴"할 수 있고, 합의에 도달할 수 있는 성질의 것으로 묘사된다. 그들은 이러한 장밋빛 그림에다가, 정밀 과학의 논쟁 사례들과 재현 가능한 현상들의 설명에 관한 이론적인 논쟁들을 제공함으로써 신빙성의 기미를 준다. 그러나 내가 강조하려는 점은 바로 이것이다. *윤리적인* 의견 차는 그와 같은 것이 아니다. 뿐만 아니라 심지어 윤리적이지 않은 의견 차나 명백히 그렇지 않은 것을 포함하여, *실천적인* 의견 차 *일반*이 그와 같은 것이 아니다. 실천적인 문제들에 대한 잠정적인 해결책들은, 전반적인 일련의 이유들로 인하여 논쟁의 여지가 있는 것이다(그러한 해결책들이 실제로 제시되어 관련된 모든 사람을 만족시키는 데 성공하지 않는 한 그렇다). 그러한 이유들 중 몇 가지를 [강연 4]에서 논의할 것이다.

　이 주제를 떠나기 전에, 마지막으로 한 가지 관찰에 입각한 소견을 덧붙이고 싶다. 한 실천적인 문제를 성공적으로 해결할 때, 그 성공적인 해결책을 유사해보이는 *그 다음의* 문제로 일반화할 수 있느냐에 관해서는 여전히 논쟁이 벌어지곤 한다. 왜냐하면 그 *유사성*의 정도와 의의가 으레 마찬가지로 논쟁의 여지가 있기 때문이다! 듀이가 이 모든 것으로부터 조석으로 고심하여 내린 결론은 다음과 같았다.

　1. 철학 일반의 목표가, 특히 윤리학의 목표가 *오류불가능성*(또는 한 벌의 영원한 이론적 진리들)이어서는 안 된다. "철학은 철학자들의 문제들을 다루기 위한 장치임을 그만두고, 인간의 문제를 다루기 위하여 철학자들이 계발한 방법이 될 때 제자리를 찾는다"17)고 쓴 철학자가 그의 오랜 생애에 걸쳐 누차 강조했던 것은, 주어진 문화적 환경 속에서 인간이 마주한 구체적인 문제들에 대한 한시적인 반응들로부터 철학들이 일어난다는 것이다. 한 철학자가 자신이 살고 있는 시대의 몇몇 문제들을 사리에 맞게 해결하는 데 공헌할 수 있다면, 그것은 작은 성취가 아니다.

---

17) *The Essential Writings of John Dewey*, ed. David Sidorski (New York : Harper Torchbooks, 1977), p.94. 이 인용문은 다음 논문에서 발췌한 것이다. "The Need for a Reform of Philosophy" in *Creative Intelligence : Essays in the Pragmatic Attitude* by John Dewey and others (New York : Henry Holt, 1917 ; reprinted, New York : Octagon Books, 1970).

우리는 능히 그의 가정들 중 몇몇이 장차 의심할 여지없이 제한 되거나, 심지어 거절되어야 할 것임을 능히 예상할 수 있다. 철학 자로서 우리의 과업은 "불멸성"을 성취하는 것이 아니다.

2. 특히 듀이 자신이 했던 윤리적 권고들은 구체적인 문제들로 서는 특히 민주적인 교육의 문제들을 향한 것이었다. 그리고 일 반적인 문제들로서는 *방법론적인* 문제들이었다.[18] 우리는 세계 를 망치는 구체적인 악들과 굶주림과 폭력과 불평등을 다루는 방식을 개선할 수 있다. 그렇다면 이러한 우리의 활동들로부터 모든 미래 세대들을 절대 오류가 없게 이끌 보편적인 윤리적 진 리들이 담긴 교과서를 뽑아낼 수 없다고 하여, 낙담할 필요가 없 는 것이다.

## 결 론

이 첫 강연에서 나는 내가 쓰는 용어들을 설명하였다. 그리고 상호 지지하지만 완전히 조화시킬 수는 없는 많은 이해 관계가 얽혀 이루어지는 실천적인 문제들의 해결과 관련한 것으로서, 윤리학의 개념을 막 펼쳐놓았다. 나는 이러한 개념이 팽창적이 거나 환원적인 존재론을 하거나 유명론적인 존재론을 하게 만드 는 개념은 분명 아니라고 생각한다. 그것은 아직 존재론 일반의

---

18) 다음 논문 참조. Hilary Putnam and Ruth Anna Putnam, "Dewey's *Logic*: Epistemology as Hypothesis", collected in *Words and Life*, ed. Conant, pp.198-220.

기획에 어떤 것이 잘못되어 있다는 논증이 아니다. 존재론자는 또는 몇몇 존재론자들은 어쨌든 다음과 같이 반박할 수도 있다. "윤리학이 오히려 그만큼 더 나쁘다." 제1부 마지막 강연의 제목인 "존재론 — 부고"를 정당화하려면, 이제 나는 윤리학의 주제를 떠나(하지만 나는 세 번째와 네 번째 강연에서 다시 그 주제를 건드릴 것이다) 존재론으로 눈을 돌려야 한다. 그리고 다양한 종류의 실재들이 "존재한다"고 말할 때 우리가 하고 있는 것을 시험해야 한다. 다음 강연에서 그러한 시험을 시작하면서, 내가 "개념 상대성"이라고 부르는 학설을 설명하겠다. 그 학설은 다음 강연의 제목인 "개념 상대성의 옹호"가 드러낼 수도 있듯이 논쟁을 불러일으켰다.

## 강연 2 | 개념 상대성의 옹호

앞의 강연에서 나는 우리의 윤리적 삶에 관한 그림을 그리면서, 그 그림이 내가 열거한 모든 다양한 존재론자들의 열망과 잘 어울리지 못한다고 제안하였다. 하지만 이제 나의 그림을 그렸던 큰 붓을 한 벌의 훨씬 가는 붓으로 교환할 때가 왔다. 요컨대 이는 **존재론**에 반대하는 훨씬 더 세부적인 경우를 미리 제공하여(특히 그 현대적인 분석판으로), 제1부의 끝에서 내가 그 주제에 관한 부고를 공표하고자 하는 것이다.

내가 여기에서 하고 싶은 것은 존재론자들이 항상 큰 어려움을 가지고 다가서야 했던 두 가지 현상들을 다소 상세하게 기술하는 것이다. 나는 그 현상들을 *개념 상대성*과 *개념 다원론*이라고 부르겠다. (이 책에서는 논의하지 않겠지만,[1] 존재론자들이 또한 아주 어렵게 인식하는 세 번째 것은 모호성이라는 잘 알려진 현상이다.) 개념 상대성으로부터 시작해보자.

## 개념 상대성

적어도 한 가지 특수한 개념 상대성 현상의 경우를 기술한 한 위대한 철학자는 칸트였다. 나는 『순수이성비판(*Critique of Pure Reason*)』의 **변증론**에서 **제2이율배반**을 염두에 두고 있는 것이고, 나중에 그것에 관해 한마디 말을 덧붙일 것이다. 그 "이율배반", 아니 더 정확히 말하자면 우리가 관여할 부분은, 바로 공간을 이루는 점들이 진정한 개체들인지(그 경우에 그것들은 "단순자들"일 것이라고 칸트는 말하였다) 또는 그것들이 "순전한 한도들"인지 하는 문제와 관련이 있다. (그러나 점들이 단순자들인지 순전한 한도들인지 하는 문제는, 멀리 고대 그리스 철학자들에게까지 거슬러 올라가는 것이다. 그들 대부분 아니 어쩌면 모두는 영역과 같은 확장된 실재가 단순한 점들이 그러하듯이 "연장 없는" 실재들로 이루어질 수는 없다고 생각했다.) 하지만 나는 우리에게 낯선(좀더 쉽게 조사할 수 있기는 하지만) 문제인, "부분 전체론적 합들"이라고 불리는 것의 지위라는 문제로부터 시작하고 싶다.

---

1) 하지만 나의 다음 책에 있는 "Vagueness and Alternative Logic" 참조. *Philosophical Papers*, vol. 3, *Realism and Reason* (Cambridge : Cambridge University Press, 1983), pp.271-286.

"부분 전체론"이라는 주제는 에드문트 후설(Edmund Husserl)의 생각에 고무된 폴란드 논리학자인 스타니슬로 레스니에프스키(Stanislaw Lezniewski : 1886~1939)가 기초를 세운 것이다. 후설은 논리학자들이 집합들(때로는 "종들"이라고 불리기도 하는)을 공간 속에서 위치를 차지하지 않는 실재들로서 생각한다는 것을 알고 있었다. 예컨대 하나하나의 딸기는 각기 공간 (그리고 시간) 속의 위치를 차지하지만, 모든 딸기들의 종(또는 오늘날 논리학자들이 말하기 쉬운 대로 하면, "모든 딸기들의 집합")은 *어디에도* 없다. 그것은 콰인이 가르친 대로 철학자들이 말하는 "추상적 실재"다. 마찬가지로 매사추세츠에 있는 모든 군들의 집합은 추상적 실재다. 매사추세츠에 있는 하나하나의 군은 각기 한 위치를 차지하며, 이것은 매사추세츠 지도상에 정확하게 나와 있다. 하지만 매사추세츠에 있는 모든 군들의 집합은 지도상에 나와 있지 않은데, 이는 그것이 어디에도 없기 때문이다. 매사추세츠에 있는 하나하나의 군이 모든 군들의 집합과 맺는 관계는 *집합 원소의* 관계다. 그 군들은 그 집합의 *부분들이* 아니다. 그 군들은 그 집합에 *속하지만*, 내 손이 내 몸의 일부인 방식으로 그것의 부분들인 것은 아니다. 집합 원소의 관계는 일반적으로 그리스 문자인 엡실론 "ε"을 가지고 기호로 나타낸다. 서머싯군(매사추세츠에 있는 군들 중 하나)은 매사추세츠에 있는 군들의 집합과 다음 관계를 맺는다.

서머싯군 ε {x | x는 매사추세츠에 있는 하나의 군이다}

집합들과 집합 원소의 이론은 19세기의 위대한 수학자인 칸토르(Cantor)가 처음 개발하였고(역설들을 담고 있는 방식이긴 하지만), 20세기에는 제르멜로(Zermelo), 프랭켈(Fraenkel), 폰 노이만(von Neumann)의 이름과 연결되면서(콰인의 집합론이 대부분의 수학자들이 고심하는 이론은 아니긴 하지만 그의 이름과도 연결되면서) 중요하면서도 성공적인 수학 이론으로 발전하였다. 이미 후설의 시대에 정확하게 형식화된 상당히 많은 집합론이 있었다. 그러나 후설은 전체 대상이 그 부분들에 대하여 갖는 관계를 연구하여 공리로 만들 필요가 있는데 실상은 그렇게 하지 못했다고 지적하였다.[2] 내가 "전체 대상"에 관하여 말할 때면 그 단어의 가장 일상적인 의미에서 "사물", 말하자면 자동차나 토끼, 요컨대 옛 아리스토텔레스적인 의미에서 진정한 "실체"를 떠올리면 된다.

레스니에프스키는 이런 도전을 받아들여 그리스 단어 *meros*(부분)에서 부분 전체론(mereology)이라 불리는 주제를 창안했다. 부분 전체론은 "부분들과 전체들의 논리"다. 하지만 맨 처음에 레스니에프스키는 극히 중요한 결단을 내렸다. 후설은 자신이 한 "사물"로써 뜻한 것이 어떤 종류의 통일성을 가진 것임을 분명히 했다. 아리스토텔레스만큼이나 후설은 어떤 것이든 제멋대로 모아놓은 사물들의 집합을 한 *사물*로서 간주하려 하지 않았다. 쓰레기 더미나 책과 신문과 어질러진 내 자신의 책상 위에

---

2) 에드문트 후설의 다음 책에서 세 번째 논리 탐구 참조. Edmund Husserl, *Logical Investigations*, trans. J. N. Findlay (London and New York : Routledge, 2001).

서 흔히 보이는 종류의 여러 물건들을 그러모은 더미는, 아리스토텔레스의 실체(ousia) 의미에서 한 사물이 아니다. 후설의 의미에서도 그것은 한 사물이 아닐 것이다. 레스니에프스키는 정연한 이론을 얻기 위하여 이러한 철학적 제한을 전적으로 무시하기로 결단하고, 그것을 무시할 뿐만 아니라 *어떤 것이든* 두 가지 것들(그것들 자체가 "합들"일 수 있는)의 "합"(우리가 부분 전체론에서 그것에 관해 말하듯이)을 하나의 다른 "사물"로서 간주하였다. 예컨대 나의 코와 에펠탑의 합은 부분 전체론에서 완전히 훌륭한 하나의 대상으로 간주한다.

레스니에프스키의 의미에서 부분 전체론적인 합들이 종들하고 다른 차이를 아는 한 가지 방식은 매사추세츠와 그 군들의 사례로 되돌아가는 것이다. 매사추세츠주에 있는 모든 군들의 부분 전체론적인 합은 물론 전체 매사추세츠주다. 매사추세츠에 있는 모든 소지구들과 주립 공원들 등의 부분 전체론적인 합은 *또한* 전체 매사추세츠주다. 이것은 매사추세츠를 한 가지 이상의 방식으로 부분들로 분해할 수 있다고 말하는 것이다. 마찬가지로 잠시 전에 언급하였던 그 기이한 "대상"인 내 코와 에펠탑의 부분 전체론적인 합은 여러 다른 방식으로 부분들로 분해할 수 있다. 예컨대 그 부분 전체론적인 합은 또한 내 코의 좌반부와 에펠탑 좌반부와 내 코의 우반부와 에펠탑 우반부의 부분 전체론적인 합이다. 그것은 두 부분이나 네 부분이나 사실상 어떤 수의 부분들로도 분해할 수 있다. 하지만 *매사추세츠에 있는 모든 군들의 집합*은 매사추세츠에 있는 모든 소지구들과 주립 공원들(그리고 소지구들로 이루어져 있지 않은 다른 법적으로 인정된 구획들)을 더하여 이루어지는 집합과 동일한 집합이 아니다. 서머싯군은 그것이 많은 소지구들과 주립 공원들 등의 합이기는 하지만 한 소지구나 한 주립 공원 등은 아니기에, 서머싯군은 앞에 나온 군들의 집합에는 속하지만 뒤에 나온 소지구들 등의 집합을 이루는 원소("ε")는 아니다. 따라서 그 집합들은 대응하는 부분 전체론적인 합들과 동일한 것일 수 없다. 사실 부분 전체론적인 합들은 아주 좋은 공간적 위치를 차지하고 있지만(그 공간적 위치는 정확히 매사추세츠의 공간적 위치다), 매사추세츠를 다른 두 부분들로 나누어 구성한 원소들로 이루어지는 두 집합들은 아무런 공간적 위치도 차지하지 않는다.

몇몇 나의 저술에서 나는 다음의 견해를 취하였다(이것 때문에 날카로운 공격을 받곤 하였음을 나는 인정해야 한다). 우리는 실로 레스니에프스키가 가르친 대로 말할 수 있다. 우리는 부분 전체론적인 합들과 같은 것들이 있다고 말할 수 있다. 우리는 어떤 부분 전체론적인 합들이 서로 동일하고 어떤 것들이 서로 동일하지 않은지 말할 수 있고, 부분 전체론적인 합들이 집합들 등과 동일하지 않다고 말할 수 있다. 하지만 부분 전체론적인 합들이 *진실로 존재하는지* 묻는 것은 어리석은 일일 것이다.[3] 나는 부분 전체론적인 합들이 존재하는지 존재하지 않는지 하는 것은 *규약*의 문제라고 본다.

그렇지만 이는 무엇을 뜻하는가? 어떻게 어떤 것이 *존재하는지* 하는 문제가 *규약*의 문제일 수 있는가? 내가 제안하는 답변

---

3) 나의 다음 책 참조. *The Many Faces of Realism* (LaSalle, Ill. : Open Court, 1987), 16ff.

은 다음과 같다. 논리학자들이 "존재 양화사"라고 부르고 "(∃x)"의 기호를 붙이는 것과, 그 일상 언어 대응부들인 "-이 있다"와 "-이 존재한다"와 "한 -이 존재한다"와 "어떤 -는" 등의 표현들은 *단지 사용들의 한 전체 가족을 가질 뿐이지 하나의 단일하고 절대적으로 정확한 사용을 갖는 것은 아니다.* 이러한 사용들은 전적으로 서로 다른 것이 아니다. 예컨대 그 모든 사용들에서 존재 양화사는 동일한 논리적 법칙들을 따른다. 이를테면 이러한 법칙들은 모든 것들이 어떤 속성을 가진다면 그러한 속성을 가지는 어떤 것이 있다고 추론할 수 있다는 법칙4)(논리 기호로, "(x)Fx"로부터 "(∃x)Fx"을 추론할 수 있다)과, F면서 G인 어떤 것이 있다면 F인 어떤 것이 있고 G인 어떤 것이 있다고 추론할 수 있다는 법칙(논리 기호로, "(∃x)(Fx&Gx)"로부터 "(∃x)Fx&(∃x)Gx"을 추론할 수 있다)을 포함한다. 하지만 존재 양화사의 이러한 속성들과 그 가까운 상관 항인 보편 양화사 "(x)"("모든 x에서")의 제반 속성들은 우리가 어떻게 이러한 표현들을 사용할 수 있는지 완전하게 결정하지 못한다. 특히 존재 양화와 보편 양화의 논리에는, 우리가 부분 전체론적인 합들이 존재한다고 말해야 하는지 존재하지 않는다고 말해야 하는지에 관하여 *우리에게 말해주는 것*이란 전혀 없다. 또한 이러한 질문에 답하는 어떤 다른 과학이 있는 것도 아니다. 나는 우리가 어느 쪽이든 말하기로 *결단*할 수 있다고 제안한다. 요컨대 우리는 존재 양화사 그 자체의 여러 다른 사용들을 창출할 수 있다. 그리고

---

4) "자유 논리"에서 이러한 법칙은 논리적 법칙으로 간주되지 않기는 하지만.

우리는 어느 정도 존재 양화를 늘 새로우면서도 어떤 경우들에서는 달리 사용하였다. 나는 곧 *다원론*의 주제에 이르러 이에 관하여 설명할 것이다.

우리가 부분 전체론적인 합들을 대상들로서 간주하기로 결단할지 그렇지 않을지가 *어떤 차이를 낳을 것인가?* 우선 그것은 당연히 특정한 담론의 세계에 얼마나한 *대상들*이 있다고 말해야 하는지에 차이를 낳을 것이다. 여기에 한 사례가 있다.[5]

세 개체들인 x1, x2, x3로 이루어진 세계를 고려해보자. 이 담론 세계 안에서 그 세 개체들은 더 분해할 수 없다. 말하자면 세 개의 소립자들이 있는데, 그 둘은 "스핀업"의 회전을 보이고 다른 하나는 "스핀다운"의 회전을 보인다고 가정해보자. 나는 루돌프 카르납(Rudolf Carnap)(그는 1950년대에 귀납 논리를 연구하고 있을 때 이처럼 아주 작은 세계들을 즐겨 상상했다)이, 내가 막 기술한 대로 세계를 "세 개체를 가진 세계"로서 기술했었을 것이라고 가정하겠다.[6]

자, 이제 우리가 레스니에프스키가 고안한 부분들과 전체들의 논리를 우리의 논리 장치에다 덧붙인다고 가정해보자. 이 경우

---

5) 나의 *The Many Faces of Realism*의 강연 II, p.18은 유사한 사례를 사용하고 있다.

6) 물론 카르납은 레스니에프스키의 부분들과 전체들 논리의 사용에 *반대하지* 않았을 것이다. 이러한 문제들에 대한 카르납의 태도는 내가 여기에서 추천하는 것으로서, 그 사용 여부는 한 규약을 채택하는 문제이지 사실의 문제가 아니라는 것이다. 불행히도 카르납은 *너무 많은* 문제들을 규약의 문제들로서 간주하였고, 이는 (내가 보기에는 불행히도) *모든 것이* 규약의 문제라는 생각을 불신하게 만들었다.

(우리가 텅 빈 소위 "영의 대상"을 무시한다면) 우리는 내가 막 카르납이 기술하고 있다고 상상했던 그 세 개체들의 세계가 실제로 일곱 개의 대상들을 포함함을 알 수 있을 것이다. 나는 막 카르납이 그렇게 기술할 것이라고 상상하였다. 아래 표가 이것을 보여준다.

| 세계 1<br>(카르납의 세계) | 세계 2<br>("같은" 레스니에프스키의 세계) |
|---|---|
| x1, x2, x3 | x1, x2, x3,<br>x1+x2, x1+x3, x2+x3,<br>x1+x2+x3 |

『실재론의 많은 얼굴들(*The Many Faces of Realism*)』에서 나는 내가 기술해온 현상을 *개념 상대성*이라고 불렀다. 나는 어떤 경우들에서는, 존재하는 것이 다양한 규약들 중에서 어느 것을 우리가 채택하느냐에 의존할 수도 있다는 사실을 기술하였다. 바로 이런 현상이라는 그 생각에 반대하여 가장 흔히 제기되는 공격이 딜레마임은 놀라울 것도 없다. 나의 비판가들은 으레 이렇게 말한다.

"*좋다. 당신은 바로 순전한 의미의 변화에 관하여 말하고 있거나 당신이 말하고 있는 것은 이해할 수 없는 것이거나 둘 중의 하나다. '존재한다'가 'x1, x2, x3의 부분 전체론적 합인 대상 하*

나가 있다'와 'x1, x2, x3의 부분 전체론적인 합과 같은 것은 존재하지 않는다'에서 똑같은 의미를 가진다고 해보자. 그렇다면 결국 첫 번째 문장이 레스니에프스키의 언어에 속하고 두 번째 문장이 카르납의 언어에 속할 때, 레스니에프스키와 카르납은 단순히 서로 모순된다. 그들이 단순히 서로 모순되는 것이 아니라면, 그들은 단지 '존재한다'는 단어를 다른 방식으로 사용하면서 서로 다른 범위의 말을 하고 있는 것이다. 사실 당신의 가설적인 카르납(물론 부분 전체론에 결코 반대하지 않은 실제의 카르납이 아닌)이 '존재한다'로써 뜻하는 것은 '부분 전체론적 합이 아닌 어떤 것이 존재한다'는 것이다. 달리 말하여 '카르납'은 단순히 제한된 담론 세계에 관하여 양화하고 있는 것이다. 그는 자신의 담론 세계에서 부분 전체론적인 합들을 떠나보냈기에, 그의 '존재한다'는 의미에서 어떤 것이든 부분 전체론적인 합들은 존재하지 않음이 당연히 참이다. 그리고 사실 그는 단지 $x1, x2, x3$만을 개체들로서 그의 담론 세계에 포함시켰기에, 그가 '개체'와 '존재한다'는 단어들을 사용할 때 그의 담론 세계에는 단지 세 개체들만이(집합들이나 다른 추상적인 실재들은 개체들로서 세지 않고서) 존재한다. 이에 반하여 좀더 포괄적인 담론 세계 쪽을 택하기로 결단한 레스니에프스키가 '존재한다'를 사용할 때, 그의 담론 세계에는 일곱 개체들이 존재한다. 당신의 '개념 상대성'은 순전히 '존재한다'를 더욱 포괄적인 방식으로 사용하거나 그리 포괄적이지 않은 방식으로 사용할 가능성의 한 사례일 뿐이다."

나는 곧 이러한 비판으로 돌아와 그것을 자세하게 시험하고 싶다. 그런데 그 비판을 액면대로 곧이들으면 부분 전체론적인 합들과 같은 것들은 당연히 *있으며*, "존재한다"가 여기서 뜻하는 것과 관련한 *유일한* 문제는 그 합들을 개체들로서(즉, 추상적이지 않은 대상들로서) 간주할지 여부라고 가정하고 있음에 주목하라.

## "의미의 차이"

우선 나는 "의미의 차이"라는 개념에 관하여 한마디 말을 하고자 한다. "의미"라는 단어와 그 관계어들은 언어학(사전 편찬을 언어학의 일부로서 간주하여)과 밀접하게 연관된 뜻에서 사용될 수도 있다. 그 의미 개념을 이러한 방식으로 사용할 때, 우리는 한 단어가 의미하는 것을 묻고서 동의어까지는 아니라고 하더라도 적어도 어떤 알기 쉽게 바꾸어 말하는 설명이 주어지기를 기대한다. 그리고 그 설명은 적어도 관련된 언어를 모국어로 하는 사람이면 제공할 수 있는 종류의 것이리라. 그렇지 않고 그러한 설명이 다른 언어로 이루어진다면, 합당하다고 생각하는 번역이 주어지기를 기대한다. 이것은 나보다 앞서 헤르메스 강연을 했던 도날드 데이빗슨(Donald Davidson)과 관련이 있는 의미 개념이다. 이러한 뜻을 가진 "의미"에서, 두 가지 표현이 동일한 의미를 가지는지에 관한 기준은 번역 관행이다. 하지만 비트겐슈타인이 유명하게 만든 좀더 느슨할 수 있는 다른 의미 개념이 있다. 이 의미 개념에서, 한 단어의 의미를 묻는 것은 그 사용 방법을 묻는 것이다. 한 단어가 사용되는 방법에 관한 설명들은 종종 일상적인 화자들이 갖추고 있지 않는 종류의 기술적인 지식과 관련이 있을 수 있다. 그리고 그것들은 사전에 전혀 나타나지 않거나 아무런 번역도 없는 종류의 것일 수 있다. 요컨대 한 표현의 의미를 그 사용 방법을 기술하여 *밝힘*은, 그러한 의미를 데이빗슨적이거나 좁은 언어학적 뜻으로 제공함과는 차이가 있다.

이러한 좀더 느슨한 비트겐슈타인적인 뜻의 의미인 사용으로서 의미를 가지고 생각해보자. 나는 레스니에프스키의 언어 사용자(이하 "폴란드 논리학자")와 나의 상상 속에 있는 카르납이, 그 기술된 맥락에서 "존재한다"에 다른 의미들, 즉 다른 사용들을 부여하고 있다는 데 동의한다. 내가 부인하는 것은 그 둘의 다른 차이가 부분 전체론적인 합들의 존재에 관하여 선결 문제 요구의 오류를 범하면서 기술*되어야만 한다*는 것이다. 즉, 나는 폴란드 논리학자가 자신의 담론 세계에 부분 전체론적인 합들을 *포함시킨다*고 말함으로써 그러한 차이가 기술되어야 함을 부인한다. 폴란드 논리학자가 "존재한다"는 말을 사용하는 것에 관한 한 가지 기술(콰인의 언어로, 그 "존재론"에 부분 전체론적인 합들을 포함하지는 않지만, 그 존재론에 *집합들*을 포함하는 상위 언어적 기술)이 있다. 그러한 기술은 자신의 담론 세계에 "포함되거나" "포함되지 않을" 부분 전체론적인 합들이 *있다*고 가정하지 않는다. 자, 그 기술은 이렇게 이루어진다. 폴란드 논리학자는 마치 "카르납적인" 세계에 있는 (하나 이상의) 개체들의 집합에 대응하여 그 집합의 원소들을 부분들로서 가지는 다른 개체

하나가 있는 것처럼 말한다.[7] 그 폴란드 논리학자는 이 가상의 (또는 가장한) 개체에다, 그 집합 속에 있는 카르납적인 개체들이 차지한 영역들(점들일 수도 있는)의 기하학적인 합인 공간적 영역을 한 공간적 위치로서 할당한다. *이러한* 기술은 이 가상의 내지는 가장한 개체들이 "실제" 개체들인지, 순전한 논리적 구성물들인지에 관하여 중립적이다.[8]

폴란드 논리학자가 자신의 언어를 사용하는 방법에 관하여 내가 방금 제시한 설명은, 폴란드 논리학자가 사용하는 대로 번역한 "존재한다"와 "대상"이라는 단어들에 관한 *번역*이 아니다. 그러한 설명은 폴란드 논리학자의 언어에 관한 데이빗슨적인 "의미론"의 일부가 아니다. 그것은 차라리 폴란드 논리학자가 말

---

7) 주 8에 명시한 "의 일부"라는 정의를 사용하면, 그것은 일반적으로 다른 부분들을 마찬가지로 가진다고 판명될 것이다.

8) 우리가 그 개체들을 논리적인 구성물들로서 다루고자 하였다면, 우리는 우선 한 동치 관계를 개체들의 집합들에 대하여 다음과 같이 말함으로써 정의할 수 있었다. 두 개체 집합들이 동치일 충분 조건은 첫 번째 집합의 개체들이 차지하는 영역들의 기하학적인 합계가 두 번째 집합의 개체들이 차지하고 있는 영역들의 합계와 동일하다는 것이다. 그렇게 하고나서 우리는 다음과 같이 설명한다. 폴란드 논리학자의 언어를 우리 카르납주의자들이 이해하는 언어로 번역하는 데 우리가 하는 것은, 우선 그 언어에서 개체들에 대한 양화들을 (카르납적인 언어에서) 개체들과 개체들의 집합들에 대한 양화들로서 다루는 것이다. 다음으로 "x=y"를 x와 y가 집합인 경우 x는 y와 동치라고 해석하고, x가 집합이고 y가 개체인 경우 x는 y의 단위 집합과 동치라고 해석하며, y가 집합이고 x가 개체인 경우 x의 단위 집합은 y와 동치라고 해석하고, x와 y가 둘 다 개체인 경우 동일하다고 해석한다. 이러한 정의에 의해 모든 개체는 그 단위 집합과 동일시됨에 주목하라. 끝으로 "x는 y의 일부다"는 x와 동치이거나 동일한 집합이 y와 동치이거나 동일한 집합의 한 부분 집합임을 의미하는 것으로서 정의된다.

하는 방식으로 말하기 위한 *지시들의 편람*이다. 하지만 그 설명은 폴란드 논리학자가 자신의 언어를 *사용하는* 방식과 카르납적인 논리학자가 자신의 언어를 *사용하는* 방식의 차이를 기술한다. "의미"라는 용어의 넓은 뜻인 사용으로서 의미를 가지고 생각해보자. 여기에는 "의미"의 차이가 있다. 하지만 넓은 사용상의 의미라고 하더라도, 그 차이는 *사소한* 것이 아니다. 왜냐하면 폴란드 논리학자의 언어에 관한 이러한 기술을 제공하는 사람은, 폴란드 논리학자가 말하는 것이 *참*이라는 점에 동의해야 할 필요가 없기 때문이다. 또는 그가 카르납적인 논리학자와 폴란드 논리학자의 불일치가 "피상적일 뿐"이라는 데 동의해야 할 필요는 없는 것이다. 중립적인 기술은 누군가가 "부분 전체론적인 합들"과 같은 것은 *없다*고 생각할 수 있는 가능성을 허용한다.[9] 또한 그러한 기술은 "부분 전체론적인 합들"이라는 전체의 생각이 정신 나간 것이라고 여길 수 있는 가능성을 허용한다. 그런 사람은 다음처럼 말할 수도 있다. "자, 봐라. 폴란드 논리학자가 말하는 것은 *글자 그대로 그릇된* 것이다. 그렇지만 나는 폴란드 논리학자가 말하는 것을 *재해석*하여 그것이 참이 되게끔 할 수 있다는 뜻에서 그것을 '이해한다'. 그렇게 재해석된 부분 전체론은 편리한 허구에 지나지 않는다. 나의 코와 에펠탑의 합과 같은 대상이 있다고 가장하는 것은 다만 편리한 허구일 뿐이다."

내가 "개념 상대성"이라고 부르는 것은 이러한 종류의 경우들이 있다는 단순한 인식이 아니다. 우리는 결국 이러한 종류의 경

---

9) 그러한 철학자는 트렌턴 메릭스(Trenton Merricks)다. 다음 책을 참조. *Object and Persons* (Oxford : Clarendon Press, 2002).

우들이 있다고 인식하고, 칸트가 **제2이율배반**에서 했던 것과 비슷한 어떤 것을 할 수도 있다. 우리는 "부분 전체론적인 합들이 실제로 존재하는가?"라는 물음이 하나의 이율배반이라고 말할 수 있다. 우리 마음("그 자체로 존재하는 대로의 사물들"에 도달할 수 없다고 주장되는)은 부분 전체론적인 합들이 실제로 존재하는지 존재하지 않는지 알 수 없거나 심지어는 그 물음을 적절하게 이해할 수 있는지 아닌지도 알 수 없고, 그 물음에 답하려고 한다면 모순에 빠질 수밖에 없다고 말할 수 있다.10) 이러한 태도는 내가 "개념 상대성"이라고 부르고 있는 태도가 아니다. 내가 이미 지적하였듯이 개념 상대성에 따르면, "존재한다"(그리고 "개체", "대상" 등)를 사용하는 이러한 방식들 중에서 어느 것이 *올바른* 것인지에 관한 문제는 자연 언어(우리가 모두 매일 말하고 말할 수밖에 없는 언어)의 단어들이 가지는 의미들로 인하여 단순히 열려 있는 문제다. 나는 19세기(와 20세기 초)에 개발된 집합론과 레스니에프스키가 고안한 부분 전체론을 둘 다 *선택 언어*(제니퍼 케이스(Jennifer Case)가 제안한 용어)11)라고 부를

---

10) 현대 철학자 중에서 이러한 입장을 취하는 사람은 아무도 없지만(내가 아는 한), 기드온 로젠(Gideon Rosen)과 시안 도어(Cian Dorr)가 그에 가까우리라! (이와 관련하여 그들의 온라인 출판물로서 "Composition as a Fiction"이 있는데, http://dorr.philosophy.fas.nyu.edu/에서 이용할 수 있다.) 그들은 p.32에서 다음과 같이 쓰고 있다. "어떤 철학적 목적으로 복합적인 것들이 사실 존재하는지가 문제되는 것으로 판명날 수도 있다. 그러나 현재로서는 그러한 고려들이 결코 그 문제를 결정하지 못한다고 봄이 신빙성이 있다." 그들은 "허구적 불가지론"을 권한다.

11) Jennifer Case, "On the Right Idea of a Conceptual Scheme", *Southern Journal of Philosophy*, 35, no. 1 (1997), pp.1-18.

것이다. 이는 우리가 이 특정한 하위 언어들을 학습하지 않고서도 언어(영어나 독일어나 폴란드어 등)에 능통한 사람으로서 간주될 수 있다는 뜻에서 그렇게 부르는 것이다. 집합 이론이라는 선택 언어와 부분 전체론이라는 선택 언어는 우리가 가지는 가능한 일상적 화법들의 *확장*들을 나타낸다. 우리가 부분 전체론을 선택하거나 부분 전체론과 집합론 양자를 모두 선택한다면, 우리는 당연히 부분 전체론적인 합들이 존재한다고 말할 것이다. 우리가 집합론을 선택하지만 부분 전체론을 불필요하거나 쓸모 없는 것으로서 거절한다면, 부분 전체론적인 합들이 존재하지 않는다고 우리는 말할 것이다.12) 물론 우리가 원할 경우 부분 전체론의 언어를 한 *화법*으로서 사용할 수는 있을 것이다. 그러나 부분 전체론적인 합들이 "실제로 존재하는지" 하는 물음은 어리석은 물음이다. 우리가 그러한 합들이 존재한다고 말하기로 결단하는지는 *사실상* 규약의 문제다.

그렇지만 콰인이 "규약에 의한 진리"라는 개념을 파괴해버리지 않았는가? 물론 그는 확실히 논리 법칙들이 모조리 규약에 의해 참이라는 생각을 무너뜨렸다.13) 하지만 나는 논리 법칙들이 규약에 의해 참이라고 주장하고 있지 않다. 그리고 모든 지식에 규약의 요소가 있기는 하지만, 어떤 것이든 우리가 규약이라고 부르는 것을 어쩌면 지금은 우리가 전혀 예견할 수 없는 이유

---

12) 자세한 내용은 주 8 참조.

13) 콰인의 다음 논문 참조. "Truth by Convention", in W. V. Quine, *The Ways of Paradox and Other Essays* (New York : Random House, 1966). "Carnap and Logical Truth", in P. A. Schilpp, ed., *The Philosophy of Rudolf Carnap* (LaSalle, Ill. : Open Court, 1963), p.405.

로 인하여 언젠가 포기해야 할 날이 오지 않을 것이라는 보장은 결코 없다고 콰인은 정확하게 보았다. 하지만 나는 내가 기술하고 있는 종류의 규약들을 현재 예견할 수 없는 이유들로 인하여 포기할 필요가 전혀 없다고 주장하고 있지 않다. 그것은 무모한 주장일 것이다. 규약이 가지고 있는 완전히 좋은 한 가지 뜻이 있다. 데이비드 루이스(David Lewis)는 오래 전에 바로 그 제목을 가진 책14)에서 이러한 뜻을 지적하였는데, 거기에서 그는 규약이 단순히 *어떤 종류의 조정 문제에 대한 한 해결책*일 뿐이라고 쓰고 있다. 도로의 좌측면상에서 차 운전이 이루어지게 함은 영국과 호주와 아일랜드에서 채택한 조정 문제에 대한 해결책이다. 그리고 차 운전이 도로의 우측면상에서 이루어지게 함은 나머지 세계의 거의 모든 나라에서 채택한 똑같은 조정 문제에 대한 해결책이다. 도로의 어느 쪽에서 차 운전을 하느냐는 *사실상* "규약의 문제"다. 그리고 이렇게 말하는 데에서 "분석성"이나 "선험성"이나 "교정 불가능성"의 형이상학은 아무런 역할도 하지 않는다. 규약을 같은 뜻으로 사용하여, 나는 주어진 형식적 맥락에서 우리가 부분 전체론의 공리들을 수용하기로 결단하는지가 규약의 문제라고 주장한다.

콰인은 어떤 문장들이 규약에 의해 참이라는 생각을 비판한 자신의 한 유명한 논문15) 말미에다 "우리 아버지들의 전승 지식"은 "검정은 사실이고 하양은 규약인" 하나의 회색 천이라고

---

14) David Lewis, *Convention* (Cambridge, Mass. : Harvard University Press, 1969).

15) "Carnap and Logical Truth", in *The Philosophy of Rudolf Carnap*, p.405.

썼다. 그리고 그는 "하지만 니는 아주 검은 실이나 완전히 흰 실은 어떤 것이든 전혀 찾아내지 못하였다"고 덧붙였다.

콰인의 간명한 글이 담고 있는 문제는, 이러한 방식으로 두 가지 요소들(하얗고 검은 두 "색채들")에 관하여 말함이 화학자가 화합물을 분석하듯이 우리가 자신의 지식을 분석할 수 있어야 한다고 제안한다는 것이다. 즉, 어떤 것이든 특정한 "실"이 *얼마나한* 흰 염료와 *얼마나한* 검은 염료로 덮여 있는지 말할 수 있어야 한다고 제안한다는 것이다. 하지만 이렇게 하는 것은 정확히 모든 규약과는 동떨어진 세계 사실들에 관한 생각으로 되돌아가는 것이다. 왜냐하면 그것은 바로 한 사실적 요소로 진술할 수 있는 것으로서, "흰 염료"와는 전혀 섞여 있지 않은 "검은 염료"에 관하여 기술함과 마찬가지일 것이기 때문이다.

내가 이전에 제안하였듯이,16) 우리의 경험적 지식이나 어떤 것이든 그러한 지식의 일부가, 어떤 대안들과 관련해서는 규약적인 것이고 어떤 다른 것들과 관련해서는 사실적인 것이라고 말하는 것이 상황을 기술하는 더 나은 한 방식일 것이다. 카르납이 기술하고 있는 담론 세계에 대상들이 셋 있다고 말함은 그 세계에 대상들이 넷 있다고 말하는 것과는 반대로 사실의 문제다. 그리고 그렇게 카르납의 세계에 대하여 말하는 것은 (부분전체론적인 합들을 대상으로 쳐서) 대상들이 일곱 있다고 레스니에프스키의 언어로 상황을 기술하는 것과는 반대로 규약의 문제다. 물론 나의 비평가들은 이에 이의를 제기하지 않을 것이다.

---

16) 나의 다음 논문 참조. "Convention : A Theme in Philosophy", in *Philosophical Papers*, vol. 3, p.178.

하지만 그들은 부분 전체론적인 합들의 "존재"를 당연시하는 것으로 가정하여 문제의 규약을 기술할 필요가 없음을 알지 못한다. 우리는 단순히 단어들을 사용하는 두 가지 특정한 방식들 중에서 하나를 선택하는 것으로서 그러한 규약을 기술할 수 있다.

카르납과 레스니에프스키는 서로 "모순"되는가?

나는 지금 카르납과 레스니에프스키가, "존재한다"와 "대상"이라는 단어들에 다른 *의미*들을 부여하는 경우와 그렇지 않은 경우 뜻하는 것들에 관하여 논의하였다. 이제 카르납과 레스니에프스키가 서로 "모순"되는 경우와 그렇지 않은 경우에 뜻하는 것에 관하여 한마디 말을 하겠다.

이제까지 언급한 개념 상대성의 사례와, 내가 다음에 논의할 사례와 내 논문 몇 편[17]에서 사용한 물리학에서 나온 더 전문적인 사례들은 모두 모순되어*보이*는 진술들을 담고 있다(우리가 그러한 진술들이 그 각각의 선택 언어들에서 쓰이는 서로 다른 사용들을 무시하고 단순히 그것들을 합친다면 우리는 모순을 얻는다). 하지만 우리가 그러한 진술들 각각을 다른 선택 언어에 속하는 것으로서 이해하고, 그 다른 두 선택 언어들이 양립할 수 없는 규약들의 선택을 포함하고 있음을 인식한다고 해보자. 그러면 그러한 진술들이 *사실은 모순이 아님*을 알 수 있다. 단순하

---

17) 예컨대 나의 다음 논문 참조. "Reply to Jennifer Case" in *Revue Internationale de Philosophie*, 55, no. 4 (2001), pp.431-438.

게 합칠 수 없는 진술들 그 자체가 "양립할 수 없는" 것들이 아니라 규약들이 바로 그러한 것들이다.

내가 칸트의 제2이율배반으로부터 나온 사례를 다룰 방식은, 당연히 바로 내가 막 부분 전체론적인 합들의 "존재"에 관한 "문제"를 다룬 방식이다. 우리는 점들을 근원으로 삼고 영역들을 점들의 집합들로서 정의함으로써 기하학을 형식화시킬 수 있다(이것은 한 *선택 언어*다). 그리고 우리는 영역들을 근원으로 삼고 점들을 수렴하는 영역들의 집합들로 삼아 기하학을 형식화시킬 수 있다(이것은 다른 *선택 언어*다). 어느 것이 "진정 올바른"지 묻는 것은 어리석은 일이다. 우리가 기하학에서 관심을 갖는 모든 진술들은, 우리가 기하학을 형식화시킬 때 이러한 선택 언어들 중 어느 언어를 선택하는지 여부와는 무관한 것이다. 점들이 "실제로" 개체들인지에 관하여 우리가 알 수 없는 그 어떤 천상의 사실도 없다. 점들은 우리가 인과 관계를 맺고 있는 실재들이 아니다. 하나의 점을 공간으로부터 제거한다고 해보자. 그렇다고 해도 어떤 다른 점에서 일어나는 그 어떤 물리적 과정이나 심지어 중력장이나 어떤 다른 장의 값, 또는 양자장 이론에서 어떤 주어진 점에서 $\Psi$-함수의 값도 전혀 변하지 않을 것이다. 모든 인과적 설명들은 이러한 형식 체계들 중에서 이루어지는 선택에 의한 영향을 받지 않는다. 여기에는 신에 의해서라도 알 수 있는 사실이란 없다. "점들은 실제로 개체들"임이 알 수 없는 진리치를 가진다고 가정하는 것은, "개체"가 어쨌든 그 "사용"과는 동떨어져 고정된 그만의 의미를 가진다고 가정하는 것이리라. 이는 우리가 그 개체를 사용하는 맥락들에 관한 존재하는 모든 인

과적 사실들을 그 개체 사용의 일부로서 간주하는 경우에도 그
러하다는 것이다. 그러나 "개체"와 "대상"과 "존재한다"와 같은
단어들에, *그러한* 방식으로 숭고한 "옳은 뜻"을 새기는 것이란
아무것도 없다. 칸트처럼 그 "문제"를 하나의 *이율배반*으로서 간
주하지 말고, 부분 전체론적인 합들의 경우에서처럼 그 선택 언
어들 중에서 이루어지는 선택을 *규약*의 문제로서 바라보아야
한다.


## 동일성 진술들과 개념 상대성

그렇지만 이 마지막 경우에 한 새로운 요소가 나타난다. 우리
는 여기서 어떤 *존재 진술*들이 드러낸다고 보았던 현상을 어떤
*동일성 진술*들이 똑같이 드러냄을 본다. 왜냐하면 어떤 동일성
진술들은 일상어 단어들의 의미들(즉, 사용들)로 인하여 열려 있
고, 그러한 열린 상태를 닫을 수 있는 방법에 관한 똑같이 좋은
선택들이 있기 때문이다(말하자면 형식화의 목적으로 그것을 닫
고자 한다면). 그리고 이러한 "똑같이 좋은 선택들"이 조정 문제
를 낳는데, 그 해결책은 다시 규약이다. 한 규약을 채택하라. 그
러면 X가 공간 속의 어떤 점이고 Y가 어떤 영역들의 집합일 경
우, X=Y는 참이다. 그리고 다른 규약을 채택하면, 그것은 거짓이
된다. 하지만 이는 데이빗슨적인(또는 사전 편찬자의) 뜻에서 *점*
에 관한 "의미의 차이"가 아니다. 왜냐하면 그러한 경우가 "점"
이라는 단어 *사용*의 차이에서 빚어짐에도 불구하고, 그 어떤 새

토운 동의어를 창출하지도 않고 어떤 낡은 동의어를 변화시키지도 않기 때문이다.


## 개념 다원론

『표상과 실재(*Representation and Reality*)』에서 나는 다음의 사실을 개념 상대성의 또 다른 한 사례로서 간주하였다. 즉, 한 방의 "내용물들"을 처음에는 기초 물리 이론의 어휘를 사용하고, 다음에는 다시 탁자와 의자와 램프 등의 어휘를 사용하여 아주 다르게 기술할 수 있다는 사실이 그것이다. 그리고 나는 이제 그렇게 여기는 것이 잘못이었다고 생각한다. 그러한 사실이 내가 *개념 다원론*[18]이라고 불렀을 더 넓은 관련 현상의 한 사례 이긴 하지만 말이다. 한 방에 있는 내용물들을 부분적으로 두 가지 아주 다른 어휘로 기술할 수 있다는 사실은, 방금 설명한 뜻에서 개념 상대성의 한 사례일 수 없다. 왜냐하면 개념 상대성은 항상 인지적으로 동등하지만(그 설명이 관련 선택 언어들 중 하나로 주어질 수 있는 현상이면 어떤 것이든, 다른 선택 언어로 주어지는 대응하는 설명을 가진다는 뜻에서),[19] 액면대로 곧이들을 경우 양립할 수 없는 기술들(그 기술들은 단순하게 서로 합칠 수

---

18) 제니퍼 케이스가 다음 논문에서 제안. "On the Right Idea of a Conceptual Scheme", pp.1–18.
19) 관련 종류의 동치에 관한 좀더 정확한 정의는 나의 다음의 논문 참조. "Equivalence" in *Philosophical Papers*, vol. 3, *Realism and Reason*, pp.26–45.

없다)과 관련되기 때문이다. 하지만 한 방에 있는 내용물들을 부분적으로 장들과 입자들의 전문 용어로 기술할 수 있다는 사실과 책상 앞에 의자가 하나 있다고 말함으로써 부분적으로 기술할 수 있다는 사실은, 심지어 "액면대로" 곧이듣지 않는다고 하더라도 결코 "양립 불가능한" 것이 아니다. "책상 앞에 의자가 하나 있다고 말함으로써 그 방을 부분적으로 기술할 수 있다"는 진술과 "그 방을 장들과 입자들로 이루어진 것으로서 부분적으로 기술할 수 있다"는 진술은 전혀 "양립 불가능한" 것으로 들리지 않는다. 그리고 그 진술들은 인지적으로 동등하지 않다(우리가 "책상"과 "탁자"와 같은 용어들을 기초 물리학의 언어로 정의할 기상천외의 가능성[20]을 막지 않는다고 하더라도, 그 장-입자 기술은 책상들과 의자들의 언어로 번역할 수 없는 상당량의 정보를 포함한다). 우리는 이 두 가지 안들 중의 하나나 둘 다를 어떤 단일한 기초적이고 보편적인 존재론으로 환원할 필요가 없다. 이렇게 우리는 그러한 환원을 필요로 하지 않고 그 두 가지 안들을 모두 사용할 수 있다는 것이 다원론의 학설이다. 개념 상대성은 다원론을 함축하지만, 그 역은 성립하지 않는다.

그러나 자연 언어들의 다원론적인 특성과, 나의 개념 상대성 사례들이 제기하는 문제들은 또 다른 관련을 맺고 있다. 그 관련은 이렇게 맺어지는 것이다. 한 특정한 자연 언어의 "존재론"은, 우리가 이따금 그것에다 덧붙이는 선택적인 하위 언어들을 무시

---

20) 그러한 정의는 실제적으로 불가능할 뿐만 아니라, "책상"과 "탁자" 같은 단어들의 언어적인 특성을 어지럽힐 것이다(Wittgenstein, *Philosophical Investigations*, §75와 §76 참조).

할 때 대부분 그 언어 화자들에게 필수적인 것이다. 그리고 사실상 모든 자연 언어들은 탁자들과 의자들 등을 위한 용어들을 가진다.21) 그렇지만 어떤 자연 언어들은 때때로 그러한 언어들에 유일한 "대상들"을 양화한다. 이렇게 그 자연 언어들은 개념 상대성이 입증한다고 보았던 가능성으로서, *대상과 존재에 관한* 우리의 일상적인 개념들을 다르게 확장할 가능성을 예시한다.

이에 관한 훌륭한 사례들이 벤자민 리 워프(Benjamin Lee Whorf)의 저작들에 나와 있다.22) 한 사례를 인용해보자. 워프에 따르면, 다음과 같은 영어 표현을 쇼니족이 말할 때, 그들은 형태론적으로든 문법적으로든 아주 비슷한 두 문장들을 발화한다.

(1) *I have an extra toe on my foot ( 나는 발가락이 하나 더 있다).*

(2) *I pull the branch aside ( 나는 그 가지를 옆으로 당겼다).*

워프가 제시하는 형태소-대-형태소 번역은 그러한 다른 주장들이 (우리의 관점으로부터) 왜 그리고 어떻게 쇼니어에서 형태소적으로 유사할 수 있는지를 보여준다. 워프가 "fork-tree"(즉, "포크 형태의 패턴")로서 번역하는 쇼니어 형태소(li-thawa)가 있고, 쇼니어에서 (1)의 구조는 다음 (3)이다.

---

21) 그러나 20세기 후반에도 아마존에 존재하는 몇몇 원시 문화들은 탁자나 의자나 심지어는 옷과 같은 것들에 관해 전혀 들어본 적이 없었음이 사실이다.

22) Benjamin Lee Whorf, *Language, Thought, and Reality : Selected Essays of Benjamin Lee Whorf*, ed. John B. Carroll (Cambridge, Mass. : MIT Press, 1956).

*(3) I fork-tree on-toes (have) (나는 포크- 나무 위- 발가락들 (있다)).*

이와 달리, (2)의 구조는 다음 (4)다.

*(4) I fork-tree by-hand-cause (나는 포크- 나무 으로- 손- 원인).*

데이빗슨은 워프에 반대하는 유명한 논증을 다음처럼 제시하였다. 워프가 쇼니어를 영어로 조금이라도 번역할 수 있다는 바로 그 사실은, 그 두 언어들이 "개념 체계"에서 아무런 차이도 없다는 것을 보여준다. 그리고 동일한 논증이 오늘날 심리언어학에 관한 논문들과 과목들에 아주 흔하다.23) 그러나 이러한 논증은 워프가 그의 논문을 쓰기 *이전에* 이미 "포크 형태의 패턴" (또는 "fork-tree")이라는 *바로 그* 개념이 영어에 있었다고 가정하고 있다. 사실 데이빗슨이 「개념 체계라는 바로 그 생각(The Very Idea of a Conceptual Scheme)」에 제시한 전체 논증은 *번역하는 언어에 번역이 영향을 미치지 않는다고* 가정한다. 나는 이 전제들을 둘 다 부인한다. 나는 (통상의) 영어에는 없는 패턴들의 "존재론"을 쇼니족이 가진다고 생각한다. 물론 그것을 가져다가 영어에다 덧붙일 수는 있을 것이다. 그리고 나는 영어의 개념 체계가 과학적인 고안과 예술적인 창작 등에 의해서만이

---

23) 데이빗슨은 자신의 책인 *Inquiries into Truth and Interpretation* (Oxford : Clarendon Press, 1984)에 수록된 "The Very Idea of a Conceptual Scheme" pp.183-198에서 워프의 사례들은 고려해보지도 않고서 워프를 비판하고 있다.

아니라, 다른 언어들과의 상호 작용을 통하여 항상 풍부해지고 있는 것이라고 생각한다.

그렇지만 여기서 우리는 색다른 언어들에 한정할 필요가 없다. 영어 단어 "mind"는 다른 유럽어로 번역할 수 없기로 유명하다(*esprit*이나 *Geist*가 영어 "mind"의 뜻을 갖도록 하기로 *결단*하지 않는 한). 사실 철학 강연들은 흔히 다른 언어보다는 영어를 사용하여 이루어지곤 한다. 영어 존재론에는 "minds"가 있고, 이러한 minds가 *esprits*나 *Geister* 또는 헤브라이어 *ruchot* 등과 아주 똑같지는 않다. 프랑스인들은 자신들이 *nonchalance(태연하고 냉담함)*라고 부르는 현상을 인식하며, 단순히 그 단어를 영어로 차용하는 정확한 이유는 바로 좋은 번역어가 없기 때문이다. 다양한 패턴들을 "양화"함은 한 쇼니어 화자에게 선택적인 것이 아니다. minds를 "양화"함은 한 영어 화자에게 선택적인 것이 아니다. 그리고 사정은 다른 비슷한 경우에도 마찬가지다. 그러나 영어와 쇼니어와 프랑스어 등이 "선택 언어들"이 아니라고 하더라도 현존하는 인간 언어들을 전부 모아놓는다면, 누군가가 나뭇가지를 옆으로 당기는 것만큼이나 아주 단순한 상황들을 기술하면서 "양화"하는 방식들이 얼마나 많은지 드러날 것이다. 세계를 대상들과 상황들과 속성들 등으로 나누는 한 유일한 "참된" 방식을 *세계*가 지시한다는 생각은, 모두 철학적인 편협함에 불과한 것일 뿐이다. 하지만 바로 그러한 편협함이 **존재론**이라고 불리는 주제 뒤에 있고 항상 있었다.

나아가 **존재론**에는 그릇된 것이 더 있다. 그것은 객관성의 모든 사례마다 각기 *대상*들을 가지고 뒷받침해야만 한다는 생각이다. 이 말은 어리둥절하게 들릴 것으로 나는 안다. 대상들 없이 도대체 어떻게 객관성이 있을 수 있을까? 이것이 내 다음 강연의 주제다.

## 강연 3 | 대상들 없는 객관성

플라톤의 형상 이론은 초기에 나타난 두 가지 영속하는 철학적 생각들을 대변한다고 흔히 해석하곤 한다. 그러한 생각들 중 하나는 한 주장이 객관적으로 참이라면 그 주장이 "대응하는" *대상들(objects)*이 있어야 한다는 생각이다. 이는 바로 "객관적인(objective)"이라는 단어의 어원으로 끼여드는 생각이다. 그리고 다른 하나의 생각은 객관적으로 참인 주장을 참되게 할 속성들을 가지는 분명 자연적인 대상들이 전혀 없다면, 당연히 "진리 -제작자"의 역할을 하는 어떤 *비자연적인* 대상들이 있어야 한다는 생각이다. 우리는 이미 어떤 사태들의 좋음에 관한 진리들이 있다면 이를 설명하기 위하여 "비자연적인 속성"인 "선"이 있어야 한다는 무어의 생각에, 그 두 가지 생각들(그 자신의 몇 가지 혼동들을 더하여)1)이 똑같이 등장하고 있음을 보았다. 이러한 두 가지 생각들을 받아들여라. 그러면 한 주장이 참일 경우, 그 주장은 무엇이든 그것을 참으로 만드는 대상들과 속성들에 관한 한 기술이라는 세 번째 생각을 받아들일 것 같다.

세 가지 생각들을 모두 받아들여라. 그러면 어떤 가치 판단들을 객관적으로 참인 것으로서 간주할 경우, 그러한 판단들이 *기술들*이라는 결론이 나올 것이다. 그러한 판단들을 스스로 납득할 만큼 자연적인 대상들과 속성들에 관한 기술들로서 해석할 수 없는 경우, 그 판단들이 비자연적인 실재들을 지칭하는 기술들이라고 해석할 수밖에 없을 것이다. 이 강연과 마지막 강연 둘 다에서 비판하고자 하는 것은 바로 이러한 사고 노선이다. 이는 쉽게 이해할 수 있지만 내가 보기에는 전적으로 잘못된 노선의 사고다. 그러나 여기서 나는 이 시작하는 말 이외에는 윤리적 가치들이라는 주제를 다루지 않겠다.

덧붙여 말하면, 모든 객관적으로 참인 진술들이 실재에 관한 기술들이라고 가정하는 사람은 전통의 "플라톤"이나 무어와 같은 철학자들만이 아니다. 제임스 코난트(James Conant)는 이 문제를 논의하는 훌륭한 논문2)에서, 비트겐슈타인의 견해에 공감

---

1) 예를 들자면 모든 속성들을 "단순" 속성과 "복합" 속성으로 분류할 수 있다는 가정이 있다. 거기에서 분류 기준은 그 속성에 관한 우리의 개념을 개념적으로 분석할 수 있느냐 여부다. 그 자체를 가정하지 않는 개념들에 의거하여 분석할 수 있는 개념은 무어의 의미에서 "복합" 속성이고, "단순" 속성은 복합적이지 않은 속성이다. 그러한 기준에 의하자면 "에너지"는 단순 속성일 것이다. 좀더 단순한 속성들에 의거한 에너지의 정의는 확실히 그저 순전한 개념적 분석은 아닐 것이기에! 하지만 에너지는 환원될 수 있으며 환원 불가능하지 않다. 그 환원은 한 경험적 발견으로서 개념적 분석에 불과한 것이 아니긴 하지만.

하는 두 철학자들(이들은 비트겐슈타인의 견해를 다양하게 해석하고 있는데)인 사비나 로비본드(Sabina Lovibond)와 시몬 블랙번(Simon Blackburn)이 내가 비판하려고 하는 형태의 견해를 비트겐슈타인의 것으로 보았다고 지적하였다. 예컨대 로비본드는 이렇게 쓰고 있다. "비트겐슈타인의 언어관은 실재라는 관념에다 그 어떤 형이상학적인 역할을 할당하는 것도 암암리에 부인한다. 그 언어관은 우리가 진정으로 실재를 *기술한다*고 주장하는 담론 부분들과 그렇지 않다고 주장하는 담론 부분들을 조금이라도 우리가 원칙적으로 구분할 수 있다는 것을 부인한다."3) 그녀는 윤리적인 주장들과 수학적인 주장들을 포함하여 모든 진정한 주장들이 비트겐슈타인에게서 "실재를 기술한다"고 말할 수 있다고 결론지었다. 그녀의 말을 정확히 인용해보면 다음과 같다. "그렇다면 한 지시적 진술이 실재를 기술하지 못할 수 있는 유일한 방식은 *참이 아님*에, 즉 실재가 그 진술이 그렇다고 표명하는 것이 아님에 의거한다."4)

블랙번은 그 해석을 다음의 근거에서 비트겐슈타인에 관한 한 해석으로서 진지하게 받아들일 수 없다고 응답하였다.

(1) "비트겐슈타인은 항상 서로 다른 언어 놀이들의 *차이*라는

---

2) James Conant, "Wittgenstein's Philosophy of Mathematics", *Proceedings of the Aristotelian Society*, vol. 97, part II (1997), pp.195-222.

3) Sabina Lovibond, *Realism and Imagination in Ethics* (Oxford : Blackwell, 1983), p.36.

4) 같은 책, p.26.

생각을 우리에게 끝까지 강요하기를 원한다."5)

(2) "그는 항상 언어 형태의 피상적인 유사성 밑에는 극심한 기능상의 차이가 있다고 제안하고 있다."6)

블랙번은 모든 윤리적이고 수학적인 문장들의 기능이 "실재를 기술하는" 것이라는 점에 비트겐슈타인이 동의하지 않을 것이라고 생각한다(내가 보기에는 올바르게). 그렇지만 블랙번은 이로부터 비트겐슈타인이 윤리적인 주장들과 수학적인 주장들에 관한 어떤 종류의 반실재론자임에 틀림없다고 결론짓는다.

내가 이러한 논쟁에 어떻게 반응할지 기술하면서, 코난트는 다음과 같이 쓰고 있다.

비트겐슈타인이 그의 두 가지 기초 원리들 (1)과 (2)를 고수하는 만큼, 퍼트남은 블랙번의 편을 들기를 원할 것이다. 하지만 그럼에도 불구하고 로비본드의 "실재론"에는 퍼트남이 매달리기를 원하는 어떤 것이 있다. 그것은 바로 윤리적인 명제들과 수학적인 명제들이 주장 담론의 *진정한* 사례들이라는 생각이다. 즉, 윤리적인 사고와 수학적인 사고는 어떤 다른 형태의 인지적 활동만큼이나 완전히 진리와 타당성의 규준들에 따르는 반성 형태들을 대변한다고 생각하는 것이다. 하지만 퍼트남은 다음과 같은 생각을 좋아하지 않는다. 우리가 윤리학과 수학을 안다고 말할 수 있는 인지적 자격을 확보하려면, 윤리적인 말과 수학적인 말이 일상적인 경험적 사고와 똑같은

---

5) Simon Blackburn, "Review of Paul Johnston, Wittgenstein on Moral Philosophy", in *Ethics*, April 1993, p.589.
6) 같은 책, p.589.

*방식*으로 실재에 관여한다고 가정해야 한다는 생각이 그것이다. 결과적으로 "약속을 깨뜨리는 것은 그릇된 일이다" 또는 "2+2=4"와 같은 명제들의 진리를 확보하기 위하여, 우리가 일상적인 경험적 명제들처럼 그러한 명제들이 각 종류의 경우에 그것들 자체에 특유한 사태를 '기술한다'고 가정해야 한다는 생각을 그는 좋아하지 않는 것이다. 여기에 깔려 있는 한 가지 가정이 있다. 이는 실재론과 반실재론을 구분하는 블랙번의 방식에 가로놓인 가정으로서 퍼트남이 거절하려는 것이다. 이러한 가정에 의하면, 나아갈 방식은 딱 두 가지뿐이다. (i) 모든 지시적 문장들을 동등하게 '실재의 기술'로서 분류할 수 있는 준거로서, 우리는 언어와 실재의 관계에 관한 하나의 일반적인 철학적 설명을 받아들일 수 있을 것이다. (ii) 그것이 아니라면, 우리는 언어와 실재의 관계에 관한 하나의 대안적인 설명을 수용할 수 있을 것이다. 이러한 설명은 진정으로 실재를 기술하는 문장들(따라서 그 인지적 자격을 액면대로 받아들일 수 있는)과 그저 실재를 기술한다고 주장할 뿐인 문장들(따라서 그 진리 주장들을 터무니없는 것으로서 생각할 수 있는)을 나누는 형이상학적 근거를 가진 구분에 의존한 것이다.[7]

코난트는 내가 여기서 옹호하려고 하는 바로 그 견해들을 아주 간명하게 기술했다. 그가 언급하고 있는 나의 논문은 후기 비트겐슈타인의 수리철학에 관한 아리스토텔레스 학회 강연 논문이었고,[8] 그 논문 자체가 그 후에 발표한 훨씬 긴 논문[9]의 초록

---

7) Conant, "Wittgenstein's Philosophy of Mathematics", p.202. 내가 블랙번의 이 두 가지 견해에다 (1)과 (2)라는 번호를 매긴 것은 코난트가 자신의 논문에서 그렇게 하고 있기 때문이다.

8) 나의 다음 논문 참조. "On Wittgenstein's Philosophy of Mathematics", *The*

이었다. 이제 나는 그 긴 논문에서와는 달리 그리 전문적이지 않게 논의를 펴겠다.


대상들 없는 객관성 □ 논리학의 경우


"여전히" 우리는 "어떤 대상이나 대상들에 관한 기술이 아닌 진리와 같은 것이 어떻게 있을 수 있는가?"라고 의아해할 수 있다. 그러나 사실 논쟁할 여지없이 참이지만, 형이상학적인 환상 없이는 대상들에 관한 기술들로서 이해할 수 없는 진술 사례들을 제공하기는 어렵지 않다. 어쩌면 가장 명백한 사례들은 논리학의 진술들일 것이다. 예컨대 논리적 연결 관계에 관하여, 즉 무엇이 무엇의 *결론*인지 무엇이 무엇*으로부터 따라나오는지*에 관하여 *분명하게* 말하는 진술을 고려해보자. 이를테면 다음 진술이 그에 해당할 것이다.

모든 오리너구리들이 알을 낳는 포유동물이라면, 알을 낳는 포유동물이 아닌 것은 어떤 것이든 오리너구리가 아니라는 *결론이 나온다.*

사실 여러분이 좋다면 이것을 기술이라고 부를 수 있다. 여러

*Aristotelian Society*, Supplementary volume 70 (1996), pp.243-264.
9) "Was Wittgenstein Really an Antirealist about Mathematics?", in Timothy G. McCarthy and Sean Stidd, eds., *Wittgenstein in America* (Oxford : Clarendon Press, 2001).

분은 그것이 모든 오리너구리들은 알을 낳는 포유동물이라는 진술과 알을 낳는 포유동물이 아닌 것은 어떤 것이든 오리너구리가 아니라는 진술로 이루어지는 "두 진술들의 논리적 관계"에 관한 한 기술이라고 말할 수도 있다. 하지만 오늘날 팽창 형이상학적인 진지성을 가지고 "진술들의 관계들을 기술함"에 관하여 말하는 것이 옳다고 생각하는 철학자는 거의 없다. 즉, 이러한 방식으로 단순한 논리적 추론의 타당성을 지적할 때, 어떤 *만져서 알 수 없는* 대상들이 맺고 있는 어떤 종류의 *관계*를 글자 그대로 *기술하고 있다*고 생각하는 철학자는 거의 없다는 것이다.10) 그렇게 생각하는 것은 자신의 논리 철학에서 "플라톤주의자"가 되는 것이다. 나는 한 추론이 타당하다고 말하는 경우나 사례를 바꾸어 한 진술이 "동어 반복"이라고 말하는 경우, 우리는 "대상들"을 기술하고 있는 것이 아니라고 말하였다. 그리고 이때 내가 공격하고 있는 것은 "플라톤주의"이지, "그것은 타당한 추론이다" 내지는 "그것은 동어 반복이다"와 같은 말들과 관련하여 "기술"이라는 단어를 사용하는 것이 적합한지 여부가 아님을 분명히 하고 싶다.

내가 방금 틀림없이 독자들 중 누군가는 제기할 것이라고 말

---

10) "진술들"(또는 "명제들")을 구체화하는 것이 옳다고 생각 *하는* 철학자들은 대체로 그러한 진술들을 (다르게 해석할 수 없다는 점에서 구어로 "진술들"이라고 불리는 것과는 상이한) 문장들의 비물질적인 대응부들로서 생각하곤 한다. 그들은 종종 이러한 비물질적이라고 가정된 대상들이 우리가 발화하는 문장들의 "의미들"이라고 주장한다. 이것은 비트겐슈타인이 무어와의 대화에서 공격한 사고 방식으로서, 찰스 트래비스(Charles Travis)가 *Unshadowed Thought* (Cambridge, Mass. : Harvard University Press, 2000)에서 그것에 관하여 길게 논의하고 있다.

한 반대는 다음과 같은 반대다. 즉, 우리가 어떤 식으로든 "플라톤주의자"가 되지 않고서도 추론들과 진술들을 대상들로서 생각할 수 있다는 것이다. 수리 논리학에서 우리는 이따금 진술들을 *부호들의 열들*과 동일시하고,11) "타당성"이라고 칭하는 이러한 부호열들의 한 수학적 속성을 순수하게 집합-이론적인 방식으로 정의한다. 나는 곧 "집합-이론적인 대상들"에 관한 말을 벅찬 (즉, 팽창적인) 형이상학적 진지성을 가지고 듣는 것은 잘못이라고 논증하겠다. 즉, 집합 이론을 할 때, "만져서 알 수 없는 대상들"의 영역을 글자 그대로 *기술하고 있다*고 생각함은 잘못이라는 것이다. 하지만 그렇게 생각한다고 하더라도, 한 *문장*(형식적 모형 이론이 문장들을 바로 단순한 부호열들로서 말하고 있는 뜻에서)이 다른 문장"으로부터 따라 나올" *수 있다*든지 다른 부호열을 "결론"으로서 가질 *수 있다*든지 말하는 것은 아무런 의미가 없다. 또한 한 순전한 부호열이 "타당"할 수 있다고 말하는 것도 역시 무의미한 것이다. 수리논리학에서 "타당성"을 다루는 표준 방식은, 그 개념을 분석하는 방식이 아니라 그 개념 *없이 해나가는* 방식이다.

내가 방금 아주 짧고 독단적으로 한 주장을 설명하기 위하여, 콰인이 그의 『논리학의 방법들(*Methods of Logic*)』에서 취한 접근법을 고려해보자. 콰인은 "동어 반복"(즉, 명제 논리에서 논리적 진리)을 *그 모든 대체 사례들이 참인 도식의 한 사례*라고 정의하였다. (예로서 "p⊃p∨q"라는 도식에 관하여 생각해보라.)12) 하지

---

11) 또한 문장들은 종종 형식적 작업에서 "괴델 넘버링"이라고 불리는 장치를 통하여 정수들과 동일시하고, 추론들은 정수들의 열들과 동일시한다.

만 이러한 콰인적 정의는 여러 이유로 불만족스러운 것이다.

(1) 콰인의 정의는 단지 인공 언어의 문장들에만 적용된다. (콰인이 동의할 것이라고 확신하거니와) *자연 언어*에서 그 모든 사례가 참인 도식들, 즉 고정된 문법적 형식들이란 없다.

(2) 확실히 콰인이 의도했듯이 타르스키적인 진리-정의를 줄 수 있는 형식화된 언어에다 그의 정의를 제한하자마자, 우리는 논리적 진리의 *보편성*이라고 불릴 수 있는 것을 파악하지 못하게 되었다. 예컨대 *한 특정한 어휘에서* "p⊃p∨q"의 모든 사례들이 참이라고 말하는 것은, 그러한 사례들(이를테면 "킨네렛에 있는 모든 백조가 하얗다면, 킨네렛에 있는 모든 백조는 하얗거나 킨네렛에 있는 모든 백조는 비만이거나다")이 *논리적으로 참이라고* 말하는 것과 같지 않다. 그것은 훨씬 못한 것을 말하는 것이다.

개념적으로 말하여 한 특정한 언어에 있는 모든 대체 사례들의 진리가 논리적 타당성보다 훨씬 못한 것인 한 이유는, 타르스키가 실제로 그의 "진리 정의들"을 가지고 성취한 것 그리고 성취하지 못한 것과 관계가 있다. 오늘날에 이르기까지 여전히 자주 놓치곤 하는 어떤 것은 타르스키가 변항 L을 위하여 "L에서의 참"을 정의하려고, 즉 진리 *일반*을 정의하려고 시도조차 하지 않았다는 것이다. 그가 보여준 것은 *하나의 고정된 언어 L이 주어질 때 즉 하나의 특정한 형식적 조직을 갖춘 언어가 주어질 경우* 그 언어에서 참인 문장이 되는 속성과 *외연이 같은* 술어를 정의하는 방법이다.[13]

---

12) "p⊃p∨q"는 "p라면 p이거나 q다"로 읽는다.

13) 내가 「어떤 것과 다른 어떤 것의 비교(A Comparison of Something with

사실 "L에서의 참"은 (타르스키적인 "진리 정의"가 정의하는 것에 따르면) 그 *정의항*에 "L"이라는 이름이 전혀 나타나지 않는 표현이다. 어딘가 딴 곳에서는 한 특정한 언어를 지시하는 "L"이라는 단어는 "L에서 참"이라는 표현에 단지 *우연적으로만* 등장한다.14) 이는 마치 "고양이"가 "가축"에 단지 우연히 나타나는 것과 같다. 그리고 타르스키적 "진리 정의"는 진리에 관한 아무런 *일반적* 개념도 제공하지 않고 무한열의 상이한 개념들인 "L1에서 참", "L2에서 참", … 만을 제공한다. 그래서 타르스키가 "참"이라는 술어에 관한 순수하게 외연적인 설명을 제공*했다고* 사실상 전제하고 있는 타당성에 관한 콰인의 정의는 마찬가지로 단지 무한열의 상이한 타당성 개념들인 "L1에서 타당한", "L2에서 타당한", … 만 제공한다. 즉, 그 정의는 임의의 언어 진술들에 적용할 수 있는(참되거나 거짓되게 적용할 수 있지만, 어느 경우에든 의미 있게) 단일한 "타당한"의 개념을 제공하지 못한다.

---

Something Else)」에서 자세하게 보여주었듯이, 타르스키 절차는 "참"이라는 단어의 의미를 설명하기보다는 무시한다. 타르스키가 한 것으로서 수리 논리학에 크게 유용한 것은 특정한 경우들에서 그 단어의 외연인 지시 대상을 포착한 것이지 그 의미를 포착한 것이 아니다.

14) 만약 "L"이 "L에서 참"에서 진정한 상항이거나 진정한 변항으로서 출현하였다면, 그것은 *피정의항*에서만 나타나는 것이 아니라 *정의항*에서도 나타날 필요가 있을 것이다. 그리고 타르스키적 진리 정의를 조금만 들여다보아도 그것이 그렇지 않음이 드러날 것이다! 따라서 도날드 데이빗슨이 주장하듯 타르스키적 진리 정의들이, 진리가 문제의 문장과 언어 L 둘 다에 *상대적이거나 의존하는* 방식을 포착한다고 주장하는 것은 아주 그릇된 것이다. 여기서 데이빗슨은 "S가 L에서 참이다"를 단지 한 문장 S만을 위한 한 논증 항을 가진 일항 술어로서 생각하기보다는 S와 L 양자를 위한 변항들을 가진 이항 술어로서 생각하고 있다. 하지만 이것은 바로 내가 지적하고 있는 잘못이다.

(3) 더욱이 진리 함수적 타당성을 "모든 대체 사례들의 참", 즉 모든 대체 사례들의 L에서 참으로서 정의하는 콰인의 정의가 모든 경우에 외연적으로 옳은 것은 아니다. 예컨대 그 논리적 연결사들은 바로 ∧, ∨ 및 ⊃이고 그 원자 문장들은 모두 우연히 참인 한 언어 $L_E$를 고려해보자. 여기서 그 원자 문장들이 "에펠탑은 파리에 있다"와 "시애틀은 워싱턴주에 있다"를 포함한다고 가정하자. 도식 "q⊃p"의 모든 대체 사례는 $L_E$에서 참이지만, "에펠탑이 파리에 있다면 시애틀은 워싱턴주에 있다"는 동어 반복이 아닌 것이다!

(4) 논리적 진리에 관한 콰인적인 정의에 자리한 마지막 문제는 다음과 같은 것이다. 인공적인 기호 체계든 자연 언어든 한 진술이 논리적으로 참이라고(또는 "동어 반복"이라고) 말하는 것은 그것과 일단의 다른 문장들이 모두 참이라고 말하는 것만이 아니다. 그것은 그러한 문장들이 *필연적으로* 참이라고 말하는 것이다. 그리고 논리적 진리의 *필연성*이라는 이 요소는 콰인적 설명에서 (물론 의도적으로) 빠져 있다.

콰인이 타당성에 관한 직관적인 개념을 해명하는 데 성공하지 못했다고 하더라도 여전히 "당신이 사례로서 사용한 문장인 *킨네렛에 있는 모든 백조가 하얗다면 킨네렛에 있는 모든 백조는 하얗거나 킨네렛에 있는 모든 백조는 비만이다*라는 문장은 킨네렛에 있는 백조들에 관한 한 기술이 아닌가?"라고 반대할 수 있다. 타당한 문장들은 그 성분들이 그렇듯 대상들에 의해 참이되는 것이 아닌가? 하지만 철학자들과 논리학자들이 항상 알고 있었듯이, 그것은 그러한 문장을 바라보는 데 도움이 되는 방식이 아니다. 왜냐하면 이 진술은 우리가 백조들이 존재하고 백조들이 하얀색일 수 있으며 킨네렛이 존재한다고 잘못 가정하였다고 판명난다고 하더라도, 여전히 참일 것이기 때문이다. "킨네렛에 있는 모든 백조는 하얗다"로부터 "킨네렛에 있는 모든 백조는 하얗거나 킨네렛에 있는 모든 백조는 비만이다"로 나아가는 추론을 정확하게 만드는 것은 백조들의 특성이 아니다. 또는 "모든 파충류가 포유류라면 포유류가 아닌 것은 어떤 것이든 파충류가 아니다"를 참으로 만드는 것은 파충류들과 포유류들의 특성이 아니다. 논리적으로 타당한 추론들이 따라야 하는 그리고 논리적으로 참인 진술들이 따라야 하는 기준들이 있고, 문제의 추론과 문제의 진술은 그러한 각각의 기준을 만족시킨다. 하지만 그러한 기준들은 이를테면 "교회 옆에 주차된 차들이 몇 있다"와 같이 우리가 통상 "기술들"이라고 부르는 것에 적용되는 기준들이 아니다. 논리학은 선험적인 "대상들"이 맺고 있는 비자연적인 관계들에 관한 기술도 아니고, 경험적 대상들이 가지는 통상적인 경험적 속성들에 관한 기술도 아니다.

비트겐슈타인이 통렬하게 "철학자의 *필수품*"이라고 칭하며 비꼬는 것의 사례로서, 한 진술이 참이라면 그것은 *필히* 실재의 어떤 부분에 관한 기술*이어야만 한다*는 생각보다 더 나은 사례는 없다. "진술들"이라고 칭하는 만져서 알 수 없는 대상들의 영역(또는 어쩌면 "세계의 논리적 구조"라고 칭하는 어떤 것)이 있다는 생각, 그리고 논리적 결론 진술은 만져서 알 수 없는 한 대상이나 대상들의 집합에 관한 *기술*이라는 생각은 설명으로서 완전히 공허한 것이다. 그러한 생각은, 실증주의자들 및 다른 여러

과학 철학자들이 오랫동안 *사이비 설명*이라고 불러온 것을 위한 모든 기준들에 들어맞는다.

(i) 즉, 그러한 생각은 우리가 가정할 아무 다른 필요도 찾지 못한 어떤 것을 가정한다(그리고 그것은 물론 감각적으로 관찰할 수 없는 것이다. 그렇지 않으면 그것은 가정이 아닐 것이다).

(ii) 그런 생각은 우리를 위하여 아무 일도 하지 못한다. 왜냐하면 우리는 그것이 설명한다고 가정하는 바로 그 현상 이외에는 아무것도 그것으로부터 이끌어내지 못하기 때문이다(그것에는 "잉여 의미"가 없다). 이는 또한 당연히 그것을 반증 불가능한 것으로 만든다.

(iii) 그런 생각을 옹호하는 사람들은 그것을 확장하여 잉여 의미를 가지도록 할 아무런 방법도 제안하지 못한다. 요컨대 그것에는 처음부터 열매가 열릴 가능성이 없다.


## 개념적 진리

"그러나 논리학의 진술들이 실재의 어떤 부분에 관한 기술들이 아니라면 우리는 어떻게 그러한 진술들이 옳다고 아는가?" 자, 그런데 실은 양화 논리의 공리들인 *몇몇* 진술들은, 내가 다른 곳에서 *개념적 진리*들이라고 부르며 옹호한 것이다.[15] 분석-종

---

15) 나의 다음 논문 IV절과 V절(pp.299-305) 참조. "Pragmatism", *Proceedings of the Aristotelian Society*, vol. 95, part III (1995), pp.291-306. "Rethinking Mathematical Necessity"에서 나는 그것들을 "우리가 (현재) 그 부정들을 이해

합 구분에 대한 콰인의 공격 이후에 개념적 진리라는 바로 그 생각이 그 자체 형이상학적인 것으로 보이게끔 되었음을 나는 알고 있다. 그리고 콰인*과* 그의 반대자들이 하듯이 *어떤* 진리들이 개념적인 진리들인지가 우리가 *교정 불가능하게* 알 수 있는 어떤 것이라고 가정한다면, 이것은 형이상학적인 가정이 *되는* 것이다. 그들이 인정한 유일한 종류의 개념적 진리는 분석적 진리였고, 콰인과 그가 선택한 반대자인 카르납은 둘 다 분석적 진리들이 *교정 불가능한* 지식의 사례라고 가정하였다.16) 그러나 좀더 오래된 한 견해로서 20세기 초에 헤겔주의자들과 실용주의자들이 대변했던 견해가 있다. 이 견해에 따르면, 개념적인 진리들은 "모든 총각들은 결혼하지 않았다"가 분석적이라고 생각되는 방식으로 "분석적"인 것이 아니다. 개념적인 진리들은 "하찮은" 진리들도 아니고 교정 불가능한 것도 아니다. 이러한 전통에 따르면, 우리는 어떤 것이 개념적인 진리임을 *해석*에 의해서 안다. 그리고 해석은 그 자체 본질적으로 교정 가능한 활동이다.17)

---

하지 못하는 진술들"로서 지칭하였다. 해당 논문은 나의 책 *Words and Life* (Cambridge, Mass. : Harvard University Press, 1994)에 수록되어 있다. 문제의 어구는 p.256에 나와 있다.

16) 카르납에 대한 콰인의 해석과 관련하여 이따금 의문이 제기되곤 하지만, 나는 콰인이 이 점에서는 옳았다고 생각한다. 즉, 언제라도 분석적 진리를 포기하기만 한다면 우리는 *사실상* 우리의 단어들이 가지는 의미들을 변경하는 것이라고 카르납이 보았다는 점에서. 우리의 단어들이 가지는 의미들을 이해하는 한에서(카르납이 별 문제가 없다고 생각한 어떤 것으로서, 특정한 과학 공동체가 수용한 규칙들을 아는 문제인), 우리는 어떤 것이든 분석적 진리를 결코 포기할 수 없다.

17) 관념론적 입장에 관한 예외적으로 분명한 진술을 다음 책에서 찾을 수 있다. Daniel S. Robinson, ed., *Royce's Logical Essays* (Dubuque, Iowa : Wm.

개념적 진리라는 생각을 교정 불가능한 진리라는 생각으로부터 (그리고 순전한 약정에 의한 진리라는 생각으로부터) 분리하라. 그러면 콰인의 논증들 중 단 하나도 더 이상 아무 힘을 갖지 못하게 될 것이다. 특히 (내가 그래야만 한다고 생각하듯이) 모든 진리를 개념적인 진리 *아니면* 사실에 관한 기술로서 분류할 수 있다는 생각 또한 포기한다면, 더욱 그러할 것이다.

나는 개념적 진리라는 용어를 다음과 같이 사용한다. 하나의 진리를 개념적 진리로 만드는 것은, 그것을 부정하는 *주장*의 (관련된) 뜻을 이해하기가 불가능하다는 것이다. 개념적 진리라는 생각에 관한 이러한 방식의 이해는, 개념적 진리와 경험적 기술이 상호 침투한다는 인식과 잘 어울린다. 그 이유는 이렇다. 어떤 진술의 부정이 무의미하다고 말할 때, 우리는 항상 우리가 받아들이는 믿음들과 개념들과 개념적 연관들의 체계 안에서 말하고 있는 것이다. 그리고 한 과학 혁명이 그러한 배경적인 믿음들 중 상당히 많은 것들을 파괴하여, 때로는 *어떻게* 이전에 무의미했던 어떤 것이 참*일* 수 있는지 알게 되는 일이 일어나곤 하였던 것이다. 이제는 잘 알려진 한 가지 사례를 들어보자. 합하여 두 직각 이상이 되는 내각을 가지는 삼각형들이 실제로 존재할 수 있다는 발견이 그것이다.[18) 1700년에 누군가가 "합하여 두 직각 이상이 되는 내각을 가진 삼각형이 존재한다"고 말했었다고

---

C. Brown, 1951). 특히 5장인 "Axiom"과 p.151 이하의 해석에 관한 논의 참조.
18) 나는 쓴 지 40년이 넘은 한 논문에서 이 사례를 논의하였다. "It Ain't Necessarily So", in *Philosophical Papers*, vol. 1, *Mathematics, Matter, and Method*.

상상해보자. 이 말을 이해할 수 있었을까? 기껏해야 그것을 하나의 수수께끼로 간주하였을 것이다. 우리는 이렇게 말하였을 것임에 틀림없다. "포기하겠습니다. 답이 무엇이죠?" 그리고 그 화자가 "나는 방금 합하여 180° 이상이 되는 내각을 가진 삼각형이 있음을 뜻한 것입니다"라고 말할 수밖에 없었다고 한다면, 그는 *사실상* 이해할 수 없는 사람으로 여겨졌을 것이다. 1700년에 그는 뭐가 뭔지 알 수 없는 말을 지껄이면서 횡설수설하고 있는 사람이었을 것이다.

하지만 우리가 모두 알고 있듯이 19세기 초엽에 베른하르트 리만(Bernhard Riemann)이 발견한 "비-유클리드" 기하학에서 "*어떤 삼각형이든 그 내각의 합은 항상 두 직각보다 크다*"와 "공간은 유한하지만 한정되지 않는다"는 명제들은 모두 참인 것으로 간주한다. 그리고 1916년에 알버트 아인슈타인(Albert Einstein)은 그의 **일반 상대성 이론**에서, 물리적 공간에 비-유클리드 기하학을 적용하고 다듬어 아주 성공적인 물리 이론을 만들어냈다. "합하여 두 직각 이상이 되는 내각을 가진 삼각형이 있다"는 *지금*은 완전히 이해할 수 있는 진술로서, 거대한 배경 이론의 체계가 변화하였기에 이해할 수 있게 된 것이다.

되풀이하여 말하거니와 내가 옹호하는 개념적 진리라는 생각은 개념적 관계들과 사실들에 관한 해석을 인정한다. 그리고 개념적 진리에 관한 지식이 교정 가능하다는 데 중요한 뜻이 있음을 인정한다. 하지만 나의 생각은 과학적 진리들을 나누는 거의 모든 구분들을 찢어발겨 폐기해버리는("자극 분석적" 진리들이라고 콰인이 부른 작은 부류를 인정하는 것을 제외하고는) 콰인의 생각19)과는 다르다. 나는 신중하게 그 부정을 주장할 경우 *아무런 뜻도 이해할 수 없는* 주장들이 있다는 것을 큰 *방법론적인*(순전히 "심리학적인" 것이 아니라) 의의를 가진 하나의 사실로서, 탐구의 구조가 어떻게 이루어지는지에 관한 문제로서 간주한다. 예컨대 "모든 오리 같은 주둥이가 있는 오리너구리들은 알을 낳는 포유동물이지만, 알을 낳는 포유동물이 아닌 것은 어떤 것이든 오리너구리가 아니라고 함은 참이 아니다"라고 (*지금 우리의* 개념적 자원들을 가지고) 말하는 것은 *아무런 뜻도 이해할 수 없는* 것이다. 그리고 이것은 순수하게 "심리학적인" 것과는 상반되는 방법론적인 의의를 가진다.20) 왜냐하면 "어떻게 당신은 p가 아님이 사실이 아님을 아는가?", "p가 아님이 사실이 아님을 보이기 위하여 어떤 *증거*를 제시할 수 있는가?", "p가 아님이 사실이 아님을 어떻게 *증명*할 수 있는가?"라는 물음들은 "p가 아닐 가능성"의 *뜻을 이해*하는 데 우리가 성공할 *경우에만* 제기하고 논의할 수 있는 물음들이기 때문이다. 개념적인 진리들이 이전의 절대적 의미에서 "우리 지식의 기초들"인 것은 아니다. 다만 그러한 개념적 진리들은 비트겐슈타인이 『확실성에 관하여(*On Certainty*)』에서 "우리는 이 기초를 이루는 벽들을 전체 집이 떠받친다고 말할 수 있다"고 썼을 때, 그가 지적한 의미에서 기초들인 것이다.21)

---

19) W. V. Quine, *Word and Object* (Cambridge, Mass. : MIT Press, 1960), p.55 and pp.65-69.

20) 그렇다고 우리가 이렇게 휴지통 범주로서 "심리학적인"이라는 말의 사용을 수용해야 한다는 것은 아니다!

## 한 설명으로서 개념적 진리의 한계들

그러나 이렇게 생각하는 것은 잘못일 것이다. "그래, 지금 우리는 논리적 진리의 본성을 설명한 것이야. 모든 논리적 진리들은 개념적 진리들이라고." 사실 방금 기술한 뜻에서 논리적 진리들이 모두 개념적 진리들인 것은 아니다. 즉, "2+2=4"와 "모든 오리너구리들이 알을 낳는 포유동물들이라면 알을 낳는 포유동물이 아닌 것은 어떤 것이든 오리너구리가 아니라는 *결론이 나온다*"가 개념적 진리들이라는 뜻에서 그러한 것은 아니다. 이러한 진술들이 거짓이라고 가정하는 것은 아무런 뜻도 이해할 수 없는 것이다(되풀이하여 말하지만, 그렇다고 우리가 언제든 결코 그러한 뜻을 이해하지 못할 것이라고 비경험적으로 입증하고 있는 것은 아니다). 그러나 겉으로는 논리적 진리들인 것 *처럼 보이지* 않고 *증명*에 의해서만 논리적 진리들임을 *알* 수 있는 논리적 진리들, 즉 아주 초보적인 논리학의 부분들이 가지는 진리들이 있다. (이것은 수학적 진리들에서 훨씬 더 분명한 사실이다.) 그러한 경우들에서, *우리가 어떤 것을 생각할 수 있는지에 관하여 우리의 마음을 바꾸는* 경험(비트겐슈타인이 『*수학의 기초에 관한 몇 가지 소견들(Remarks on the Foundations of Mathematics)*』에서 지칭하곤 하는)을 가질 수 있다. 즉, 모순이라고 판명나지만 쉽게 모순임을 알 수 없는 어떤 것과 마주할 때, 우리는 그것이

---

21) *On Certainty*, §248. "나는 내가 가진 확신들의 맨 밑바닥에 도달하였다. 그리고 우리는 거의 이러한 기초를 이루는 벽들을 전체 집이 떠받친다고 말할 수 있다."

참임이 어떤 것일지 완전히 잘 안다고 느낄 수도 있다. 그리고 그것이 모순이라는 증명을 본 이후에도 우리는 "이제 나는 그것이 참일 수 없음을 알아"라고 말하기는 하겠지만, 또한 다음처럼 보일 것이다. 즉, 자신이 "그것이 참이라고 상상한다고" 생각할 때 우리가 하고 있었던 것은 사실 *그것이 참일 상황에 관하여 생각하고 있었던* 것이 아니라, 그 밖의 다른 어떤 것을 하고 있었던 것처럼 보인다는 것이다. 어떤 것이 논리적 진리인지(그 용어의 세련된 뜻에서) 알기 위하여 위의 오리너구리에 관한 진술처럼 자명한 논리적 진리의 몇몇 사례들을 아는 것으로는 충분하지 않다. 그렇지만 우리는 *논리적 정당화*에 관하여 어느 정도는 알고 있어야 한다. 즉, 겉으로는 모순이 아닌 것으로 보이는 복잡한 진술이나 진술들의 집합이 실제로는 모순임을 드러내는 과정을 알고 있거나, 겉으로는 논리적으로 필연적인 진리가 아닌 것으로 보이는 진술이 *사실*은 논리적으로 필연적인 진리임을 드러내는 과정을 어느 정도는 알고 있어야 한다. 요컨대 우리는 논리학의 절차들과 기준들을 학습함으로써 논리적 진리가 무엇*인지* 배운다. 하지만 그러한 절차들과 기준들에 있는 그 어떤 것도 다음의 것과는 아무런 관련이 없다. 즉, 우리가 그 논리적 진리(또는 논리적 일관성이나 함축 등)를 평가하고자 애쓰는 진술들을 20세기 초엽 영국 철학자들의 마음을 사로잡은 "명제들"과 같은 비자연적인 실재들과 비교하거나 "세계의 논리적 구조"와 비교하여, 그러한 진술들이 이러한 신비로운 실재의 일부를 *기술하는지* 그렇지 않은지 보려고 하는 것과는 아무런 관련도 없다는 것이다.

## 수학적 진리

 내가 논리학의 경우를 가지고 시작한 이유는 이렇다. 논리학은 특히 이유들의 평가를 다루고 추론들의 형식들과 주장들의 형식들을 다루며, 좋거나 나쁜 것으로서 추론들의 평가를 다루는 학과이기 때문이다. 그리고 내가 보기에 어떤 것이든 오늘날의 "자연주의적"(*과학주의적*이라는 뜻에서) 형이상학자들이 간과하는 경향이 있는 것이 있다면, 그것은 바로 이러이러한 것이 좋은 이유라는 취지의 판단들이 *기술들*이 아니라는 점이다. 다음 강연에서 나는 훨씬 더 복잡한 윤리적 진리들의 경우와 마주할 것이지만, 여기서는 두 가지 다른 종류의 진리들인 *수학적 진리들*과 내가 *방법론적인 가치 판단들*이라고 부르는 것에 관하여 뭔가를 짧게 말하고자 한다(나는 곧 방법론적인 가치 판단들이라는 용어로써 뜻하는 것을 설명할 것이다).

 어떤 점에서는 내가 수학적 진리에 관하여 말하고자 하는 것이 무엇인지 이미 밝힌 셈이지만, 주목해야 할 한 가지 복잡한 문제가 있다. 그 문제는 적어도 기초적인 양화사들의 논리인 소위 "양화 이론"의 모든 진리들은 *증명할 수 있는* 것인 데 반하여, 순수 수학의 증명 가능성은 진리와 외연이 같지 않다고 믿을 좋은 이유들이 있다는 것이다. 그러한 이유들에 관해서는 여기서 자세히 이야기하지 않겠다. 물론 나는 괴델 **불완전성 정리들**을 염두에 두고 있는 것이지만, 이러한 형식적인 수학적 결과들만을 생각하고 있는 것은 아니다. 증명할 수도 반증할 수도 없는 수학의 문장들(괴델의 정리들은 그러한 문장들이 있음을 보여주었다)에 관하여, 그 정리들 자체는 그러한 문장들이 참이거나 거짓일 수 있다고 말해야 하는지 우리에게 알려주지 않는다. 그렇지만 내가 다른 데서 논증하였듯이[22] 증명 가능성을 가지고 수학적 진리를 확인하려고 시도하는 철학들 중에서 ("증명 가능성"을 순수하게 수학적인 개념으로서 파악하든 좀더 "현실적인" 뜻인 실제적인 인간들에 의한 증명 가능성으로서 파악하든) 그 어떤 철학도, 즉 "유한론적"이거나 "직관론적"이거나 "유사 실재론적"인[23] 수리철학들 중에서 그 어떤 철학도 물리학에서 수학의 사실적인 응용과 전혀 일치하지 않는다. 특히 내가 그렇듯이 물리학에 관한 그 어떤 종류의 "도구주의자"도 아니고자 한다면, 어떤 뜻에서든 물리학에 관한 실재론자가 되려고 애쓰면서 수학에 관한 반실재론자가 되려는 시도는 큰 곤란을 겪게 될 것이다. 그렇지만 이를 더 설명하려면, 나는 이 책의 범위를 넘어서 수학과 물리학에 관한 전문 철학으로 나아가야 할 것이다.

그래도 수학적 진리와 관련하여 내가 논리적 진리에 관하여 방금 말한 것을 말할 수 있다고 생각한다. 즉, 우리는 수학을 응용하는 실제적인 작업들을 포함하여 수학 그 자체의 실행들과 기준들을 학습함으로써, 수학적 진리가 무엇인지 배운다고 말할

---

22) 가장 최근에 다음 논문에서. "Was Wittgenstein Really an Antirealist About Mathematics?", in McCarthy and Stidd, eds., *Wittgenstein in America*. 하지만 그 논증은 이미 다음 논문의 pp.74-75에서 싹트고 있었다. "Mathematical Truth", in *Mathematics, Matter, and Method*. 또한 1971년에 발표한 에세이(사실상 연구 논문인)에서, 같은 책 p.337 이하 참조.
23) 다음 책 참조. Simon Blackburn, *Essays in Quasi-Realism* (Oxford : Oxford University Press, 1993).

수 있다는 것이다. 나아가 나는 수학적 진리들이 *대상*들의 어떤 집합에 의해 "참이 된다"고 가정한다면, 상당한 곤란을 겪게 될 것이라고 덧붙여 말하겠다. 첫째, "대상들"은 분명한 동일성 관계들을 갖지 않는다. 우리는 이 영역에서 상이한 범주들 간의 동일성 관계들이 무엇인지, 함수들이 일종의 집합인지 또는 집합들이 일종의 함수인지,24) 수들이 집합들인지 아닌지 그리고 그것들이 집합들이라면 *어떤* 집합들인지25) 등을 놀랄 만큼 많은 수의 경우들에서 자유로이 약정한다. (이것은 앞서의 강연에서 내가 "개념 상대성"이라고 부른 현상의 한 사례다.) 상이한 *범주*의 수학적 대상들이 맺고 있는 동일성 관계들과 관련하여, 너무도 많은 것이 규약적인 것이다. 그래서 "어쨌든" 저기에 있는 일단의 대상들을 기술하는 것으로서 우리 자신을 그리는 일은, 처음부터 곤란에 빠질 수밖에 없다.

둘째, 수학에서 *존재*에 관한 말은 가능성에 관한 말을 가지고 대체할 수 있다. 이러한 가능성은 어떤 형이상학적인 뜻에서 "가능성"이 아니라, *수학적인* 가능성으로서 우리가 수학 그 자체로부터 이해하는 뜻에서 가능성이다. 수학적인 실재들의 "존재"에

---

24) 집합들을 (이가) 함수들과 동일시함은 수리 논리의 어떤 부문들에서 통상적인 관행이다(특히 상위 유형의 대상들에 관한 회귀나 서수들에 관한 회귀를 포함하는 회귀 이론으로부터 나온 기법들이, 집합 이론으로부터 나온 기법들과 결합하여 사용될 때 그러하다).

25) 이 분야에서 철학적 문제들에 대한 고전적인 소개는 다음 논문 참조. Paul Benacerraf, "What Numbers Could Not Be", in P. Benacerraf and H. Putnam, eds., *Philosophy of Mathematics : Selected Readings* (Cambridge : Cambridge University Press, 1964), pp.272-294.

관한 모든 진술은, 어떤 것이든 수학적인 대상들의 실제 존재를 전혀 주상하지 않고 단지 어떤 구조들의 *수학적 가능성*만을 주장하는 진술과 동등하다(수학적으로 동등하며, 응용의 관점에서도 역시 동등하다).26)

수학적 진리는 논리적 진리와 상당히 닮아 있다. 이는 고틀로프 프레게(Gottlob Frege)가 이미 논증한 것이다. 게다가 게오르그 크라이젤(Georg Kreisel)이 오래 전에 프레게의 철학을 훌륭히 요약하면서,27) 문제는 수학적 대상들의 존재가 아니라 수학의 객관성이라고 말한 대목에서도 드러난다. 수학의 성공에 관한 것과, 물리학을 포함하여 수많은 현대 과학이 수학*에* 심층적으로 의존하여 있음에 관한 것 모두는 수학적 정리들을 객관적인 진리들로서 파악함을 뒷받침한다. 하지만 수학적 정리들을 특별한 영역의 "추상적인 실재들"에 관한 기술들로서 파악함을

---

26) 이것은 수학에 관한 "양상 논리적인" 해석의 핵심이다. 그것은 나의 다음 논문에서 처음 제안되었다. "Mathematics without Foundations", *Journal of Philosophy*, 64 (1967), pp.5-22. 다음 책에 재수록. *Mathematics, Matter, and Method*, pp.60-78. 내가 그 논문에서 스케치한 수학적 진술들을 양상 언어로 번역하는 구성물들은 다른 사람들에 의해 자세하게 시험되어왔다. 가장 주목할 만한 것으로서 다음 책 참조. Geoffrey Hellman, *Mathematics without Numbers* (Oxford : Clarendon Press, 1989).

27) 아니면 아마도 나의 기억이 나를 속이는 것이리라! 크라이젤의 논평인 "Wittgenstein's Remarks on the Foundations of Mathematics", *British Journal for the Philosophy of Science*, 9 (1959), pp.135-158에서 p.138의 주 1은 다음의 글을 포함하고 있다. "비트겐슈타인은 수학적 대상의 개념에 반대하는 논증을 펴지만 적어도 몇 군데에서는(p.124 35, p.96 71, 하단으로부터 다섯 번째 줄과 네 번째 줄) 특히 형식적인 사실들을 인정함으로써(p.128, 50) 수학의 객관성에 반대하지 않음에 주목해야 한다." 하지만 나는 여전히 크라이젤이 프레게에 관하여 이렇게 말하는 것을 들었다는 느낌을 가지고 있다.

뒷받침하는 것은 아무것도 없다. 그리고 수리철학이나 다른 데서 그렇게 함으로써 얻는 것 또한 없다.

## 방법론적인 가치 판단들

끝으로 나는 흔히 간과하곤 하는 한 부류의 가치 판단들에 관하여 한마디 말을 하고 싶다. 이러한 가치 판단들은 과학적 탐구 자체에 내재하는 것으로서 *정합성*과 *단순성*과 *신빙성* 등에 관한 판단들이다. 그러한 판단들이 필수 불가결함을 보이는 시례는 다음과 같다. 아인슈타인의 **일반 상대성**과 알프레드 노스 화이트헤드(Alfred North Whitehead)의 중력 이론(그것에 관해 대부분의 사람들이 결코 들어본 적이 없을!)은 둘 다 **특수 상대성**에 동의하였고, 둘 다 중력에 의한 빛의 굴절이라는 잘 알려진 현상들과 수성 궤도의 비뉴턴적인 특성과 달의 정확한 궤도 등을 예측하였다. 하지만 아인슈타인의 이론은 받아들여졌고 화이트헤드의 이론은 거절되었다. 그리고 이는 누군가가 그 둘을 판정할 관찰에 관하여 생각해내기 50년 전의 일이었다.[28] 과학자들은 명시적이거나 암암리에 화이트헤드의 이론은 너무 "신빙성이 없는" 것이거나 너무 "임시방편적인" 것이어서 심각하게 받아들일

---

28) 화이트헤드의 이론을 논박하는 것은 윌(C. M. Will)의 일이었다. C. M. Will, "Relativistic Gravity in the Solar System, II : Anisotrophy in the Newtonian Gravitational Constant", *Astrophysics Journal*, 169 (1971), pp.409, 412.

수 없다고 판단했고, 이러한 판단은 분명 *가치 판단*이었다 이러한 송류의 판단들이 미적인 판단들과 관련하여 가지는 유사성이 지적되곤 하였다. 게다가 디랙(P. A. M. Dirac)은 어떤 이론들을 신중하게 고려해야만 하는 이유가, 그 이론들은 "아름다운" 것이지만 다른 이론들은 "추한" 것이어서 참일 수 없기에 그렇다고 말한 것으로 유명했다. 무어의『윤리학 원리(*Principia Ethica*)』를 모방하자면, 우리는 아름다움과 추함이라는 "단순한 비자연적 성질들"이 있다고 말해야할 것이다. 그리고 어느 이론들(배제할 증거가 없는 이론들 중에서)이 시험할 가치가 있는지 결정하는 데 과학자가 하는 일은, 어떤 종류의 비자연적인 "직관"에 의해 어느 이론들이 그 하나의 비자연적 성질을 가지고 있고 어느 이론들이 그 다른 비자연적 성질을 가지는지 파악하는 것이라고 말해야 할 것이다. 이는 바로 "플라톤주의"의 한 형태가 될 몸짓이다.

한 번 더 나는 그러한 "플라톤주의"가 요청되지 않는다고 제안한다. 한 이론이 아름답다거나 단순하다거나 정합적이라고 말할 때, 우리는 비자연적인 속성들을 기술하고 있다고 생각할 필요가 없다. 우리가 하고 있는 것은 극히 복잡한 것이지만, 대략적으로 설명하자면 이렇다. "무자비한"과 "자비로운"처럼 윤리적으로 중요한 형용사들은 인간들이 가지고 있거나 결여할 수 있는 속성들을 기술하는 것이지, 초자연적인 속성들이나 (우리가 특정한 평가관을 가지고 상상하여 파악하기를 이해하고 배우지 않고서도) 단순히 지각(또는 "측정")할 수 있는 속성들을 기술하는 것이 아니다. 이와 마찬가지로 "단순한"과 "정합적인"이라는 용어들은 (그 과학적 적용들에서) 어떤 인간 산물인 과학 이론들이 가지고 있거나 결여할 수 있는 속성들을 기술한다. 그리고 그러한 속성들은 다시 우리가 특정한 평가관을 가지고 상상하여 파악하기를 이해하고 배우지 않고서는 지각할 수 없는 속성들이다. 또한 누군가가 무자비하다는 판단이 가지는 주요한 점은 그저 기술하는 것이라기보다는 통상 평가하는 것이듯(그것을 그저 기술하기 위하여 사용 *할 수 있는* 몇몇 경우들이 있기는 하지만), 한 이론이나 설명이 단순하다거나 정합적이라는 판단이 가지는 주요한 점은 그저 기술하는 것이라기보다는 통상 평가하는 것이다(그것을 그저 기술하기 위하여 사용할 수 있는 몇몇 경우들이 있기는 하지만). 이러한 종류의 평가는 오류 가능한 것이고 대개 논쟁의 여지가 있는 것이지만, 훌륭한 과학자들이라면 배우려고 할 종류의 것이다. 사실 성공적인 과학자 특히 성공적인 이론가가 되려면, 주로 학습 과정을 통하여 그러한 판단들을 내리는 능력을 키워야 한다. 이 학습 과정은 형식적인 학습 과정만이 아니라 과학적인 경험을 하는 동안에 이루어지는 학습 과정을 모두 포함한다. 이는 마치 미완성의 악곡들을 작곡하기를 배우는 과정에서, 형식적인 학습만이 아니라 우리가 음악적 경험을 하는 동안에 이루어지는 학습을 통하여 부분적으로 타고났을 수 있는 능력을 개발해야 하는 것과 같다.

더욱이 여기에는 *논리학*과 무관하지 않은 어떤 것이 있다. 왜냐하면 어느 이론들이 심지어 시험을 허용할 만큼 *충분한 신빙성*이 있는지("단순성"과 "배경 지식과의 정합성"과 "아름다움" 등에 관한 고려가 이루어질 경우), 어느 이론들이 그렇지 않은지에 관한 판단은 우리가 자연과학들과 일상적인 문제 해결 과정에서 마주치는 다양한 종류의 비연역적인 추론에 본질적인 것이기 때문이다. 물론 이처럼 많은 부류의 비연역적인 추론들은 연역적인 추론을 형식화한 방식으로 결코 형식화된 적이 없다. 그리고 나 스스로 그것을 형식화시킬 수 있다고 생각할 아무런 이유도 알지 못한다. 하지만 어떤 종류이든 연역과 비연역적인 추론은 *이치를 따지는* 일이라는 공통점을 가진다. 그리고 "플라톤식 이론화"로 나아가는 것은, 이치에 닿는 것과 이치에 닿지 않는 것에 관한 정확한 판단들을 어쨌든 보증하는 신비한 실재들 내지는 그러한 판단들 배후에 서 있는 신비한 실재들을 찾아내려는 유혹에 굴복하는 것이다.

이 연속 강연 중 다음에 오는 마무리 강연에서, 나는 윤리적 판단들에 관하여 논의하고 나서 **존재론**이라고 상정한 철학적 주제로 돌아와 그것의 "부고"를 공표할 것이다. 나는 그러한 주제에 관하여 계속하여 암암리에 논의해오면서 이렇게 논증하였다. 그 주제는 윤리학에서나 수리철학에서나 논리철학에서나 과학방법론에서나 우리를 위하여 아무것도 *해주지* 못한다.

## 강연 4 | "존재론" — 부고

　앞의 강연에서 나는 논리적 진술들과 방법론적인 가치 판단들을 "이치에 닿는 것과 이치에 닿지 않는 것에 관한 판단들"로서 기술할 수 있다고 말하였다. 그렇지만 대부분의 윤리적 판단들 또한 이치에 닿는 것과 이치에 닿지 않는 것에 관한 판단들이다. 이는 플라톤적인 뜻으로서 초월적인 형이상학적 능력으로서 생각되는 이성이 요구하는 것이라는 뜻에서가 아니라, 내가 첫 강연에서 기술한 대로 윤리적 삶에 관한 관심들이 있는 상황에서 이치에 닿는 것과 이치에 닿지 않는 것이라는 뜻에서 그러한 것이다. 예컨대 한 특정한 사회가 "복지 국가"인 정도에 관하여 사람들이 의견을 달리할 때, 논쟁의 한 측이 단순히 윤리적 언어를 사리사욕을 위한 수사적인 은폐물로서 사용하는 일이 이따금 충분히 일어날 수 있다. 하지만 이것이 항상 그렇다고 가정하는 것은 오만하고 공정치 못한 일일 것이다. 또한 논쟁의 양 당사자가 진정으로 친절하고 동정심이 있고 공공 복지(미리 독단적으로 정의한 어떤 것으로서가 아니라 논의하고 논증할 수 있는 어떤 것으로서)에 관심을 가지는데, 바로 그러한 관심들을 가지고 한 특정한 구체적 상황에서 어떻게 함이 *이치에 닿는 것*인지에 관해서는 의견 차를 보이는 경우가 있을 수 있다.

나는 두 가지 목적을 가지고 그러한 윤리적 판단들을 방법론적인 가치 판단들과 비교하고 있다. 그 첫 번째 목적은 윤리적 평가들에 관하여 객관성을 모조리 부인하는 그러한 형태의 극단적인 "자연주의"가 일관적이려면, 방법론적인 평가들에 관해서도 객관성을 모조리 부인해야 한다고 지적하는 것이다. 이러한 입장은(리차드 로티(Richard Rorty)에게는 실례지만!)[1] 아무도 채택하지 않을 입장이다.[2] 나의 두 번째 목적은 다음과 같은 점

---

1) Richard Rorty, "Putnam and the Relativist Menace", *Journal of Philosophy*, 90, no. 9 (September 1993), pp.443-461. 이 논문에서 로티는 다음과 같이 쓰고 있다. "나는 보증이나 정당화를 사회적인 문제로서 바라본다. 우리는 S의 진술을 그 동료들이 수용하는지 관찰함으로써 그것을 확인한다." 나는 다음 논문에서 이에 답하였다. "Richard Rorty on Reality and Justification", in Robert B. Brandom, ed., *Rorty and His Critics* (Oxford : Blackwell, 2000), pp.81-86.
2) 알빈 골드만(Alvin Goldman)이 『인식론과 인지(*Epistemology and Cognition*)』 (Cambridge, Mass. : Harvard University, 1986)에서 제안한 "신빙론적" 인식론이 하나의 해결책이라고 생각할 수도 있다. 그 인식론에 따르면 과학에서 한 믿음을 정당하게 만드는 것은 "신빙성이 있는" 방법에 의해 그것을 수용하게 되었다는 것이다. 신빙성이 있다 함은 참인 가설들을 수용할 확률이 높다는 뜻이다. 이것이 성공하지 못하는 이유는 단순히 다음의 질문을 고려해봄으로써 드러난다. "아인슈타인이 특수 상대성 이론과 일반 상대성 이론을 수용할 때

이 평가 일반에 적용되는 것이지, 논리철학과 수리철학에만 적용되는 것은 아니라고 제안하는 것이다. 즉, "당면한 담론의 객관성이 문제이지, 어떤 비자연적인 대상들 영역의 존재가 문제인 것은 아니다"[3]라는 점이 그것이다. 내가 주장하듯이 윤리적 진술들이 어떤 다른 형태의 인지 활동처럼 진리와 타당성의 규준들이 완전하게 지배하는 반성 형태들이라면, 그 이유는 윤리적 삶에 관한 전체의 관심들이 있는 상황에서 (그러한 관심들에 내가 첫 번째 강연에서 언급한 팽팽한 긴장 관계가 자리하고 있음에도 불구하고) 어떻게 함이 이치에 닿는지에 관한 반성은 모든 실천적인 추론이 따르고 있는 것들과 같은 오류 가능한 탐구 기준들에 마찬가지로 따르고 있기 때문이다.[4] 그리고 진리와 타

---

의지한 것은 어떤 '방법'인가?" 아인슈타인 자신의 견해는 잘 알려져 있다. 그는 자신이 *"동시성"의 개념에 경험론적인 비판을 가함*으로써 **특수 상대성 이론**에 도달했고 극소 영역에서 **특수 상대성과 양립할 수 있는** *"가장 단순한"* 중력 이론 *을 탐색함*으로써 **일반 상대성**에 도달했다고 말하고 있다. 우리는 이러한 두 이론을 수용한 물리학자들이 또한 이것들을 자신들을 옹호하는 강력한 고려 사항들로서 간주하였음을 알고 있다. 이러한 "방법들" 양자는 *완전히 해당 주제에 특유한* 것이다(아주 그러하므로 여기서 조금이라도 "확률"에 관하여 이야기하는 것을 이치에 닿게 하기에는 관련된 이론들의 준거 집합이 너무나 적다는 것이다!). 그리고 이 방법들 양자는 이치에 닿는지 여부를 따지는 합당성에 관한 판단들을 가정한다. 합당성에 관한 판단들은 단순히 우리가 확률을 할당할 수 있는 부류들에 속하지 않는다. (더욱이 어떤 것이든 과학적인 판단은 사실상 무한한 서로 다른 "방법들"에 의해 내려진 것으로서 간주할 수 있다. "신빙론" 은 단지 합당성의 개념을 가정하지 않는 *체하는* 것이다.)

3) 여기에서 나는 프레게의 수리 철학에 관한 크라이젤의 말을 각색하고 있는 것이다.

4) 나의 책 *Words and Life* (Cambridge, Mass. : Harvard University Press, 1994)에 수록된 "Pragmatism and Moral Objectivity"에서 나는 이러한 주장을

당성의 개념들은 실천적 추론 그 자체에 내적인 것이다.


## 윤리적 판단들

이렇게 해서 우리는 지금 윤리적 진술들의 경우에 도달했다 (그러리라고 내가 약속한 대로 말이다).

나는 우선 "수학은 뒤범벅이다"라는 비트겐슈타인의 말이 옳았다고 한다면 윤리학은 말하자면 *제곱한* 뒤범벅이라고 말하고 싶다. 이는 윤리학에 관하여 쓰고 있는 철학자들이 왜 그렇게 자주 윤리적 판단의 광대한 구역들을 무시하는지 설명해줄 수 있다. 수많은 서로 다른 *종류의* 윤리적 판단들이 있다. 예컨대 칭찬이나 비난과 관련된 윤리적 판단들이 있고, 칭찬과 비난과는 아무런 관련도 없는 윤리적 판단들이 있다.[5](칭찬과 비난과 관련이 없는 윤리적 판단의 사례로서 역사적으로 중요한 한 사례는 1755년의 리스본 지진이 아주 나쁜 것이었다는 판단이다. 이 사례는 또한 모든 윤리적 판단들이 행위를 "명하는" 기능을 가진다는 생각에 대한 반대 사례이기도 하다.) "당위"를 함축하는 윤리적 판단들이 있고, "당위"를 함축하지 않는 윤리적 판단들이 있다. 도덕 철학자가 즐겨 쓰는 *마땅하다, 해야 한다, 해서는 안된다, 좋은, 나쁜, 옳은, 그릇된, 의무, 책임*이라는 단어들을 사용

---

옹호했다.

5) 나는 이 점을 다음 책에서 처음 보았다. Vivian Walsh, *Scarcity and Evil* (Englewood Cliffs, N. J. : Prentice-Hall, 1961).

하여 알맞게 정식화되지 않는 수많은 윤리적 판단들이 있다. 모든 윤리적 문제들을 이렇게 빈약한 어휘로 표현할 수 있다는 생각은 철학적 맹목의 한 형태다.6) 게다가 인간의 권리들에 관한 원리들처럼 아주 추상적인 원리들에 관한 진술로부터, 상황에 따르고 아주 특정한 실천적인 문제들에 관한 해결에 이르기까지 윤리학의 관심사들은 두루 걸쳐 있는 것이다.7)

　나는 논리적인 진리들이 기술들이 아니라고 말하였다. 우리는 똑같이 단순하게 윤리적인 진리들이 기술들이 아니라고 말할 수 없다. 왜냐하면 그 여부는 우리가 *어떤* 윤리적 진술들을 염두에 두고 있는지에 달려 있기 때문이다. "블라드 더 임페일러는 극히 무자비한 군주였다"는 진술이나 "그 정권의 무자비함은 수많은 반란을 불러 일으켰다"는 진술처럼 우리가 역사물에서 마주치는 것으로 상상할 수 있는 진술들은 기술들*이다*. 그것들은 각기 블라드 더 임페일러와 역사적 사건들인 어떤 반란들의 원인들에 관한 기술들이다. (물론 그것들이 플라톤의 **"형상들"**에 관한 기술들인 것은 아니다.) 하지만 "폭력 행위는 범죄다"와 "아내 구타는 그릇된 것이다"는 진술들은 기술들이 아니다. 그러한 진술

---

6) 아이리스 머독(Iris Murdoch)이 *The Sovereignty of Good* (New York : Schocken Books, 1971)에서 지적한 바처럼. 미국 실용주의자들 이외에 저술을 통하여 이러한 형태의 맹목성과 효율적으로 싸운 다른 철학자들은 코라 다이아몬드(Cora Diamond)와 러쉬 리스(Rush Rhees)를 포함한다.
7) 내가 첫 강연에서 지적한 바처럼, 듀이의 저작들은 실천적인 문제의 해결에 초점을 맞추고 있다. 물론 그렇다고 하여 듀이가 추상적이고 보편적인 원리들의 중요성을 과소 평가한 것은 아니다. 그는 그러한 원리들을 실천적인 문제들의 해결에 이르는 *지침*들이면서 오류 가능한 지침들로서 간주하였다.

들은 단지 도덕적 비난을 전달하는 평가들이다. (역사가의 진술들 또한 어느 정도 이것을 할 수는 있으나, 역사가의 *목적*이 오래전에 죽은 그러한 사람들을 "비난하는" 발화 행위를 수행하는 것일 수 있을지 의심스럽다. 차라리 역사가의 목표는 역사적 사건들을 이해할 수 있도록 만드는 것이고, 이렇게 하기 위하여 그는 *그 자체 한 도덕적 관점이 이용할 수 있게 만드는 한 기술*을 사용한다.)[8] 사실 나는 "리스본 지진은 끔찍한 사건이었다"가 하나의 *기술*일 것 같다고 생각지 않는다. 그것이 "리스본 지진은 나쁜 것이었는가?"라는 질문에 대한 답변으로서 제공한 것이라면 그럴 수도 있겠다. 그렇지만 리스본 지진의 진도를 이미 알고 있는 사람들이 보통으로 사용할 때, 그 문장은 어떤 다른 종류의 도덕적 평가다. 즉, 이는 칭찬이나 비난을 하지 않고 한 사건이 가지는 도덕적 의의를 평가하는 것이다.

요컨대 (그리고 여기서 편의상 *평가*들이라는 용어를 모든 종류의 가치 판단들을 위한 일반적인 용어로서 사용한다) 나의 입장은 단순히 "평가들은 기술들이 아니다"가 아니라 바로 이런 것이다. *어떤* 평가들은, 사실 어떤 윤리적 평가들은 기술들*이고* ("비자연적인" 어떤 것에 관한 것은 아니지만), *어떤* 평가들은 기술들이 아니다. 평가들은 *단순히* 기술들과 대비되지 않는다. 나는 기술들의 부류와 평가들의 부류 간에 중복과 겹침이 있다고 본다.

그러나 논의해야 할 또 다른 문제가 있다. 이 문제는 윤리학을

---

8) 나의 다음 책 참조. *The Collapse of the Fact / Value Dichotomy* (Cambridge, Mass. : Harvard University Press, 2002).

위한 형이상학적 기초를 추구해야 하는지 추구해서는 안 되는지 하는 문제에 관한 그 어떤 논의에서도 피할 수 없는 것이다. 이는 바로 윤리적 주장들이 너무나도 흔하게 *논쟁의 여지가 있다*는 사실이다. 윤리적 주장들이 객관적이라면, (또는 보다 낮게 코난트가 나의 입장을 기술하는 데 썼던 언어를 사용하여) 그러한 윤리적 주장들이 모든 다른 형태의 인지 활동처럼 진리와 타당성의 규준들이 완전하게 지배하는 반성 형태들인 주장적 담론의 *진정한* 사례들이라면, 어떻게 우리는 어느 것이 참인지에 관하여 그렇게 자주 의견을 같이할 수 없는 것인가?

## 윤리적 의견 차에 관한 물음

이러한 물음을 던질 때 카드를 규칙적으로 "쌓아올리는" 한 가지 방식이 있다. 즉, 사실에 관한 물음들이 바로 그 본성상 우리가 그것들에 관하여 의견 일치를 볼 수 있는 것이라고(그리고 어쩌면 우리가 심지어 그것들에 관하여 의견 일치를 보*려고 하는 경향이 있기*까지 한 것이라고) 생각하는 것이다. 이러한 생각은 유명하게도 퍼스(C. S. Peirce)의 실용주의 버전이 가지는 주요한 특징이었다. 모든 윤리적 물음들이 바로 그 본성상 논쟁의 여지가 있다는 생각이 근거가 없는 것이듯, 나는 이러한 생각이 전혀 정당한 근거가 없는 것이라고 본다.

우선 조금이라도 윤리적 삶 속에 서 있는 사람들이면 동의할 윤리적인 문제들이 있다. 무고한 사람을 죽이는 일과 사기와 약탈 등이 그릇된 것임은 도덕 의식을 가지는 사람이면 어디서든 받아들이는 것이다. 그러나 내가 첫 번째 강연에서 지적했던 이유로 인하여 의견 차가 빚어진다. 즉, 참된 윤리적 문제들은 일종의 실천적인 문제이고, 실천적인 문제들은 평가들과 관련이 있을 뿐만 아니라 철학적 믿음들과 종교적 믿음들과 사실적인 믿음들로 이루어진 복잡한 혼합물과 관련이 있다는 이유로 인하여 의견 차가 생기는 것이다. 예컨대 낙태에 관한 논쟁을 고려해보자. 이러한 논쟁은 종종 순수하게 윤리적인 의견 차(더욱이 "원리적으로 해결 불가능한" 윤리적 의견 차)의 한 사례로서 인용되곤 한다.9) 낙태의 도덕성에 관한 의견 차들은 통상 또한 태아가 정확히 언제 인간이 되는지 하는 문제에 관한 의견 차들이다. 이따금 이러한 문제를 형이상학적인 용어를 써서 "언제 태아는 영혼을 얻는가?"라는 물음으로 제시하곤 한다. 낙태의 정당성 문제가 해결 불가능한 것이라면, 그러한 해결 불가능성은 단순히 윤리적 논쟁들의 "해결 불가능성"을 드러내는 한 사례일 뿐이라고 주장하는 사람들이 있다. 그들은 예컨대 그러한 불가능성이 *형이상학적* 논쟁들의 해결 불가능성을 드러내는 한 사례는 아니라고 주장한다. 하지만 이는 분명 정당한 근거가 없는 것이다.

같은 의견을 말하기 위하여 종교적인 의견 차의 경우들을 고려할 필요는 없다. 많은 실천적인 문제들은, 언제고 수렴하기가

---

9) "원리적으로 해결 불가능한" 도덕적 논쟁들의 말에 대한 깊이 있는 비판은 다음 책 참조. Michele Moody-Adams, *Fieldwork in Familiar Places : Morality, Culture, and Philosophy* (Cambridge, Mass. : Harvard University Press, 1997).

불가능하지는 않겠지만 그렇게 하기가 어려운 사실적인 평가들과 관련이 있다. 예컨대 완전히 사회주의적인 사회, 즉 큰 개인 사업이나 기업들을 허용하지 않는 사회가 존재하고 평화로우며 경제적으로 성공하고 민주적*일 수 있는지*는, 누가 보더라도 *경험적인* 문제다. 하지만 그것은 즉, 그러한 사회가 언젠가 사실적으로 존재하게 되고 평화로우며 경제적으로 성공하고 민주적*이지* 않는 한, 우리가 언제고 의견 일치를 보일 것 같지 않은 경험적인 문제다. (경제적으로 성공하지도 않고 민주적이지도 않은 완전히 사회주의적인 사회들이 있어왔지만, 모든 사회 사상가들이 만족할 만큼 거의 그 가능성 문제를 해결하지 못하고 있음을 우리는 모두 안다.) 자본주의에 찬성하는 세력들이 가진 힘이 아주 커서 미래에 다시 그러한 사회주의 사회를 시도하는 것을 가로막는다거나 사회주의 실험들을 단지 가난한 후진국들에서만 시도하여 거기에서 실패한다면, 언제든 "~라면 무슨 일이 일어났을까"에 관하여 의견 일치가 있을 것 같지 않다. 그리고 관련 실험(물론 완전히 사회주의적인 사회의 실험이 아니라 어떤 다른 사회적 실험)을 시도하여 그 실험이 성공하는 경우들에서도, 다음 번이나 그 다음의 경우에 똑같은 일이 일어날지에 관한 문제들은 흔히 크게 논쟁의 여지가 있는 것이다. 그리고 내가 아는 한, 누구나 궁극적으로 하나의 견해로 수렴하는 모형은 실재와 아무런 관련도 없다. 기껏해야 우리는 다음과 같이 말할 수밖에 없다. 즉, 우리가 사회 문제와 관련하여 어떤 것을 시도하고 그것이 잘 시행되는 경우(예컨대 많은 유럽 국가들에 존재하는 종류의 국가적인 보건 계획이 그 나라들 대부분에서 계속하여 잘 이루어지는 경우), 그러한 계획에 반대하는 사람들은 그것이 미국에서 잘 작동할 것이라고 수긍할 것 같지 않다는 것이다. 그리고 나 자신은 미국에서 그러한 계획을 짜기를 아주 바라는 입장이지만, 어떤 일이 한 나라에서 잘 이루어지고 "같은" 일이 다른 나라에서는 잘 이루어지지 않는 경우들이 있음을 나는 인정한다. 요컨대 나는 성공 기준들에 관하여 합의하였다고 할지라도, 어떤 일을 함이 올바르다는 명쾌한 "검증들"을 얻기는 불가능하다고 본다. 즉, 여러분이 그러한 일을 실제로 *했고* 그 일이 누구나 만족스럽게 "이루어지지" 않는 한, 그러한 일은 불가능하다는 것이다. 그리고 바로 이러한 불가능성은 실천적인 문제 해결이 가지는 한 일반적 특징인 것이다. 윤리적 결단을 실천적 결단의 한 특별한 경우로서 바라본다면, 내가 첫 강연에서 논증하였듯이 우리는 윤리적 결단과 관련하여 논쟁이 일어나는 정도를 보고 놀라거나 당황할 필요가 전혀 없다.

분명 나는 이 마지막 설명 또는 제1부 전체에서 내가 다른 데서 논의한 문제들, 특히 『사실 / 가치 이분법의 붕괴(*The Collapse of the Fact / Value Dichotomy*)』에서 논하고 있는 문제들을 모두 논의하려고 시도하지 않았다. 내가 바로 지금 그리고 앞서 강연에서 하려고 했던 것은, 많은 철학자들로 하여금 윤리적 판단의 객관성을 부인하게 하였던 한 *형이상학적* 이유에 관하여 말하는 것이다. 즉, 그들은 윤리적 판단이 "자연적 사실들에 관한 기술"의 *그림에 들어맞지* 않는다고 하여 그 객관성을 부인한 것이다. 이와 관련하여 나는 이렇게 논증하였다. 실로 어떤 중요한 윤리적 진술들이 기술들이 아니라 함은 *옳다.* 하지만 그렇다고 하여 그러한 사실이 윤리적 진술들을 참과 거짓, 좋은 논증과 나쁜 논증 등의 개념들 범위 밖에 위치하는 것으로서 분류할 이유는 결코 되지 않는다. 이러한 문제들에 관하여 분명하게 생각하려면, 필히 "대상들 없는 객관성"이 있을 수 있음을 인식하고 한 *진정한* 진술이 반드시 한 *기술*인 것은 아님을 인식해야 한다.

## 콰인에 의한 존재론의 부활

지금까지 나는 대상들 없는 객관성을 가지는 경우라면 어떤 경우든, 객관적인 판단의 가능성을 부인함이 파멸적인 결과를 낳는다고 논증하였다. 예컨대 바로 그 객관적인 윤리적 판단의 가능성을 부인하기 위하여 제공되는 형이상학적 *이유*들은 (내가 수많은 곳에서 논증하였고 이 책에서도 짧게 논증하였듯이) 객관적인 방법론적 가치 판단들의 불가능성을 마찬가지로 함축할 것이고, 그로써 과학 그 자체의 객관성을 위협할 것이다. 한편, 이 각각의 경우에 비자연적인 대상들을 가정함으로써 문제의 담론이 가지는 객관성을 설명하는 것은 (그러한 비자연적 대상들이 "추상적인 실재들"이라고 불린다고 하더라도) 한 사이비 설명을 제공하는 것이다. 게다가 내가 논의한 다양한 담론들을 다른 ("확실하다"고 가정되는) 담론들로 *환원*함으로써 그 담론들의 객관성을 설명하려는 시도들은 또한 실패한 것으로 잘 알려져 있다.

다음으로 내가 첫 강연에서 구분했던 세 가지 형태들인 팽창적이고 환원적이고 제거적인 형태 전부에서 **존재론**이 실패한 것이라면, 여러분은 다음과 같이 의아해할 수 있다. "오랫동안 '존재론'이라는 바로 그 단어를 *적대시*하였던 종류의 철학인 *분석철학*에서 정확히 어떻게 **존재론**이 번영하게 되었는가?"

*언제* 존재론이 분석철학자가 추구할 존중할 만한 주제가 되었는가를 묻는다면, 그 불가사의한 의문은 사라진다. 그것은 콰인이 「무엇이 있는가에 관하여(On What There Is)」라는 제목을 가진 유명한 논문을 발표한 1948년에 존경할 만한 것이 되었다.10) 한 손으로 **존재론**을 존중할 만한 주제로 만든 이는 콰인이었다. (물론 대륙적 전통에서도 하이데거가 "존재론"이란 *단어*를 사용하였다. 그렇지만 내가 첫 강연에서 짧게 논의하였듯이 그러한 사용은 하이데거가 "존재신학"이라고 냉소했던 아주 전통적인 뜻에서가 아니며, 콰인은 바로 그러한 뜻에서 의식적으로 그 단어를 사용하였다.)11)

그 위대한 논문의 정확한 해석에 관하여 많은 어려운 문제들이 있음에도 불구하고(누구든 위대한 철학자라면 그의 주요 저작들에 관하여 그러한 문제들이 있듯이), 1948~1949년 1년차 대학원생으로서 그것을 읽었을 때 내가 얼마나 몹시 놀랐었는지 말할 수 있다. 그리고 나는 그러한 반응이 특이한 것이 아니었다고 생각한다. 내 눈에 인상적이었던 것은, 그 논문에서 "존재론

---

10) "On What There Is"는 콰인의 책인 *From a Logical Point of View* (Cambridge, Mass. : Harvard University Press, 1953, 1960)에서는 개정판에 실려 있다. (원래는 *The Review of Metaphysics*, 1948에 발표되었다.)

11) 예컨대 콰인은 종들의 존재에 관하여 유명론자들과 개념론자들과 실재론자들이 벌인 중세의 논쟁들을 지칭하였다.

적 관여"의 기술적인 기준으로서 수많은 철학자들이 수많은 쪽의 논평을 할애했던 기준이 *아니었다*. 인상적이었던 것은 한둘의 아주 단순해보이는 논증들이었다. 첫째, 콰인은 우리가 "존재한다"는 단어를 수학에서 사용한다는 사실에 주의할 것을 요청했다. 또는 그러한 사용이 실제로 수학에 특유하거나 본질적인 특징인지에 관하여 애써 따지려고 하는 경우, 콰인은 사실상 이렇게 말했다.12) "좋습니다. '존재한다'라는 단어를 *당신에게 드리고*, 나는 '~이 있다'에 충실하겠습니다." "백만보다 큰 소수들이 있다"와 "모든 n에서 n보다 큰 소수들이 있다" 등의 말을 누가 부인할 수 있을까? (콰인은 그러한 말을 "수들을 양화함"이라고 칭한다.)

(물론 우리는 수학에서 *단순히* "수들이 있다"고는 말하지 않는다는 사실이, 그때 나에게는 중요한 것처럼 보이지 않았다.)

둘째, 콰인은 수학에서 우리가 마치 수들이 존재하는 것처럼 말한다(마치 수들이 있는 것처럼 말한다)는 사실의 의의를 최소화하려고 시도할 수 있는 두 가지 방식들을 지적하였다. 이에 관하여 그는 바로 나를 확신시켰다. 우리가 "수들을 양화한다"는 사실이 갖는 의의를 최소화하는 한 가지 방식은 이러한 식으로

---

12) "[상상 속의 철학자인] 물음쟁이는 맞아 보이는 잘못 구상된 시도에서 우리에게 페가수스의 비존재를 상냥히 인정하고 나서는 *우리가* 페가수스의 비존재로서 뜻하는 것과는 정반대로 페가수스가 *있다*고 주장한다. 문제를 이렇게 혼란시키는 것에 대처할 수 있는 것으로서 내가 알고 있는 유일한 길은 물음쟁이에게 '존재한다'는 단어를 *줘버리는* 것이다. 나는 그것을 다시 사용하지 않도록 노력하겠다. 나는 아직 '있다'를 가지고 있으니까." (*From a Logical Point of View*, p.3. 1948년의 책에서 "우리가 *뜻하는 것*"에 대한 확신에 찬 콰인의 호소에 주목하라.)

말함이 "바로 한 화법일 뿐"인데, 그 가정된 "단수한 화법"을 어 떤 것이든 다른 용어들로 *설명하는* 방식을 전혀 보여주지 *않고 서* 이루어낼 수 있다고 말하는 것이다. 그렇게 말할 때, 이는 한 형태의 철학적 사기나 단순한 "속임수"처럼 들린다. ("존재"에 관한 우리의 이해를 위하여 과학이 어떤 진정한 의의를 가진다 는 것을 단순히 부인하는 하이데거적 전략은 또 다른 형태의 그 러한 속임수다.)

다른 방식은 그 화법을 어떤 다른 언어로 진정으로 *대체하는* 한 *대체*물을 제공하는 것이다. 그리고 이것은 이루어질 수 있다. 왜냐하면 수학자들이 만족하도록 수들을 어떤 … 의 집합들의 집합들, 줄여서 어떤 집합 이론적인 구성물들로 대체하는 것은 가능하기 때문이다. 수학적으로 모든 수학적 실재들을 어떤 집 합들과 "동일시"(즉, *대체*)할 수 있다. 따라서 기꺼이 집합들을 "가정"(콰인이 「무엇이 있는가에 관하여(On What There Is)」에 서 주요하게 사용한 용어)하지만 집합들에 덧붙여 수들을 가정 하기를 거절하는 사람이, 사기를 치거나 "속임수를 쓸" 필요는 없다. 그는 다음과 같이 말할 수 있다. "당신이 나에게 이의를 제기한다면, *이것이* 정확히 내가 어떻게 '수들'에 관한 나의 말 을 대체할 것인지 하는 방법이다. 하지만 내가 가진 거스름돈을 세는 것과 같은 일상적인 용도로, 나는 계속하여 '수들'에 관하여 말할 것이다." 실제로 콰인은 이렇게 말하였다. "당신이 이러이 러한 것들에 관한 말(나는 수들을 나의 사례로서 사용했지만 그 논점은 아주 일반적인 것이다)이 단순한 '화법'이라고 주장하려 면, 어떻게 그 화법을 *대체*할지 나에게 보여주시오. 할 수 없다면 당신은 속임수를 쓰고 있는 것입니다."

좋다. 수들에 관한 말을 집합들에 관한 말로 대체하는 것은 가능*하다*. 하지만 집합들에 관해서는 어떤가? 여기에서 콰인은 마지못해하는 플라톤주의자다("플라톤주의와 타협해야 한다면, 내가 할 수 있는 최소의 것이 그것을 외연적으로 유지하는 것이라고 느꼈다").13) 그가 플라톤주의자인 이유는, 물리학이 수학을 필요로 하므로 우리가 가진 최상의 현대 과학에 자리한 명제들을 주장하려고 할 경우 그는 집합들을 양화할 수밖에 없기 때문이다. 그리고 "나는 그러한 집합들을 양화하지만 그것들이 *실제로 존재한다고* 말하고 있는 것은 아니다"라고 말함은 바로 또 다른 형태의 속임수일 것이기에, 결단코 그러한 속임수를 쓰지 않겠다는 것이 「무엇이 있는가에 관하여」의 논점이었다.

스물두 살의 대학원생이었을 때, 그리고 그 후에도 오랫동안 나는 철저하게 확신하였다! 좋은 철학자가 되기 위하여 (그리고 좋은 철학자가 됨의 일부는 물론 과학을 진지하게 받아들이는 것이다), 나는 "추상적인 실재들의 존재"를 수용할 필요에 직면해야만 한다고.


## 황량한 풍경 속의 문제들

하지만 내가 여기에서 되풀이한 단순해보이는 논증의 표면 바

---

13) Quine, *Theories and Things* (Cambridge, Mass. : Harvard University Press, 1990), p.100.

로 밑에는 수많은 문제들이 숨어 있다. 우리는 방금 분석철학에서 콰인의 생각에 의해 존재론이 존중받을 만한 것이 되었음을 보았다. 콰인은 자신의 이론이 보이는 존재적 관여들에서 존재론을 스스로 읽어낼 수 있다고 생각했고, 존재론이 모든 것에 관한 통합된 과학 이론이라고 생각했다. 하지만 콰인의 과학주의를 한쪽으로 제쳐둔다면, 우리 자신의 존재론을 읽어낼 하나의 통합된 세계 이론이 없다고 깨달을 수 있음을 또한 보았다. 예컨대 수들을 집합들과 "동일시" 할 수 있음은 참이다. 하지만 내가 두 번째 강연에서 지적하였듯이 수들은 또한 *함수*들과 동일시할 수 있다(이를테면 알론조 처치(Alonzo Church)가 그의 "람다 - 전환 계산법들"에서 그리하였듯이). 수학을 *형식화시키는* 이러한 서로 다른 방식들은 적어도 현장 수학자에게는 아무런 형이상학적 의의도 없다. "등가 선택 언어들"이라고 내가 부르는 것들에 관하여 우리는 어떤 태도를 취해야 하는가? 이러한 문제와 관련하여 콰인은 스스로 시인하듯이 계속하여 크게 흔들렸다.[14] 나는 이 책에서 "집합들의 실제 존재"에 관한 하나의 진정한 문

---

14) "깁슨은 『이론들과 사물들(*Theories and Things*)』에 있는 연속적인 에세이들이 범하고 있는 놀랄 만한 모순을 지적한다. 한 에세이를 쓰고 다음 에세이를 쓰기까지 상당한 정도의 시간이 경과되었고 그 첫 에세이는 또 다른 앞선 강연들로부터 발전한 것이라는 점에서 더욱 그러했다. 나는 나의 태도가 변화한 것을 알고 있었지만 그렇게 갑작스러운 갈등으로 인한 것은 아니었다." "Reply to Roger Gibson", in *The Philosophy of W. V. Quine* (LaSalle, Ill. : Open Court, 1986), p.156. 에드워드 베커(Edward Becker)는 (사적인 의견 교환에서) 콰인이 그 "Reply to Gibson" 이후 이러한 문제에 관하여 계속 흔들렸다고 지적하며, 콰인이 서로 다른 시기에 이 문제에 관하여 취한 일곱 가지 이상의 다른 입장들을 알려주었다.

제가 있다고 가정하는 것이 어리석은 일이라고 논증하였다.

더욱이 내가 지적한 어떤 점에서 (그리고 나의 제안을 우선 찰스 파슨즈(Charles Parsons)가 훨씬 더 광범위하게 구체화시켰고 좀더 최근에는 게오프리 헬만(Geoffrey Hellman)이 그렇게 하였다), 우리는 (수학적인) *가능성*과 *필연성*을 근본적인 것으로서 간주하는 언어인 *양상 논리 언어*로 수학을 형식화시킴으로써 수학에서 추상적 실재들을 양화하는 것을 전부 피할 수 있다. 콰인은 그의 후기 저작들에서 이것을 의식하였고, 한 가지 흥미로운 이유로 인하여 그것을 거절했다. 즉, 한 불가능한 수학의 형식화를 낳는다고 하여 그것을 거절한 것이 아니라, *존재론적인 관여들을 불명확하게 만든다*고 하여 그것을 거절한 것이다.15) 달리 말하여 여러분이 정확히 콰인의 존재론적 관여 기준이 적용되는 종류의 논리로 수학을 형식화시키지 않는 한, 여러분은 어쨌든 속임수를 쓰고 있는 것이다! 양상들이 "존재론적 관여들"을 *숨겼다*는(또는 숨겼을 수 있다는) 바로 그 생각은, 플라톤주의가 이때까지 콰인을 얼마나 깊이 열광시킨 것인지를 여실히 보여준다.

하지만 나는 "수학의 존재론적 관여들"에 관한 이러한 말을 이해할 수 없는 것은 아닐까 우려하여, 지금부터 훨씬 더 일반적으로 이해할 수 있는 다른 문제에다 초점을 맞추고 싶다. *비*과학적인 언어의 "존재론적 관여들"은 어떠한가?

---

15) Quine, "Reply to Charles Parsons", in L. E. Hahn and P. A. Schilpp, eds., *The Philosophy of W. V. Quine* (Carbondale : University of Southern Illinois Press, 1986), p.397.

## 존재론과 비과학적 언어

우리는 이와 같은 말들을 한다. "칸트의 저술에서 몇몇 구절들은 해석하기 어렵다." 아무도 그러한 말을 위한 한 가지 *대체*를 제안한 적이 없다(수들을 어떤 집합들과 동일시하는 것이 "환원되지 않은" 수들을 양화하기 위한 한 가지 대체를 제안하고 있다는 뜻에서 말이다). 의심할 여지없이 콰인 자신도 칸트 저술의 몇몇 구절들은 해석하기 어렵다는 점에 동의할 것이다. 그래서 콰인은 「무엇이 있는가에 관하여」에 제시한 바로 그 추론에 의거하여, 자신이 "해석하기 어려운 구절들"과 같은 것들, 좀더 일반적으로는 구절들에 관한 정확하고 부정확한 해석들과 같은 것들의 *존재*에 관여하고 있다고 인정해서는 안 되는 것인가? 하지만 적어도 『말과 대상(*Word and Object*)』(1960)의 출판으로부터 콰인은 「무엇이 있는가에 관하여(*On What There Is*)」에서 그가 거부한 것과 같아 보이는 또 다른 몸짓을 취하였다. 그 몸짓에 따르면, 우리가 양화하는 어떤 실재들과 우리가 사용하는 어떤 술어들이 일상 언어에서 실로 필수 불가결하지만 그러한 양화들이나 술어들의 사용은 *아무런 존재론적 의의도 갖지 않는다.* 요컨대 콰인은 일급 개념 체계(과학, 더 정확히 말하면 적절하게 형식화된 과학)와 그가 "이급 체계"라고 부른 것을 구분하였다.16) 그리고 그는 단순히 일급 개념 체계만이 우리가 진지하

---

16) "명제 태도와 속성 태도는 희망과 두려움과 목적들에 관한 일상적인 담론에 속하는 것이다. 인과적인 과학은 그것들 없이도 잘 발전한다. … 그것들을 "과학에 적합한" 것으로 만들려고 시도하는데 대한 덜 거창하긴 하지만 합당한

게 받아들일 수 있고 받아들여야 하는(물론 오류 가능하다는 생각을 가지고) 세계의 내용물들에 관한 설명을 드러낸다고 규정하였다. 예컨대 물리학의 개념 체계에 있는 그 어떤 것도 *의미사실*에 대응하지 않기에, 콰인에 따르면 우리가 그러한 사실들에 도달할 수 있는 가장 가까운 길은 스키너 식의 적나라한 행태 심리학이다. 그리고 스키너적 심리학이 의미나 지칭에 관한 설명을 제공할 수 없다면, 의미와 지칭을 위한 상황은 그만큼 더 나쁜 것이다! 아주 노골적으로 말하면, 이것은 물론 콰인의 견해들에 관한 설명이라기보다는 서투른 묘사일 뿐이다. 하지만 나는 본질적으로 그릇된 것을 그러한 묘사가 포착해낸다고 믿는다. 나는 『말과 대상』으로부터 「무엇이 있는가에 관하여」에 이르기까지 콰인이 제시한 논증은 더 이상 그를 위하여 썩 그렇게 많은 일을 하지는 못한다고 말하는 것이 공정하다고 생각한다. 그리고 실제 일을 하는 것은, 그가 버나드 윌리엄스(Bernard Williams)17)와 시몬 블랙번(Simon Blackburn)18)과 폴 처칠랜드

---

대안은, 반쪽-실재들이 없는 [원문 그대로] 과학적 공무를 위한 비교적 단순하고 엄중한 개념 체계를 유지하고 그 반쪽-실재들은 이급 체계에다 포함시켜버리는 일일 것이다." 콰인의 『존재론적 상대성 및 다른 에세이들(*Ontological Relativity and Other Essays*)』(New York : Columbia University Press, 1969) p.24에서 인용.

17) 다음 책들 참조. Bernard Williams, *Descartes : The Project of Pure Enquiry* (Harmondsworth : Penguin, 1978), *Ethics and the Limits of Philosophy* (Cambridge, Mass. : Harvard University Press, 1985).

18) Simon Blackburn, *Spreading the Word : Groundings in the Philosophy of Language* (Oxford : Clarendon Press, 1984), *Essays in Quasi-Realism* (Oxford : Oxford University Press, 1993).

(Paul Churchland)와 같은 철학자들과 공유하고 있는 한 전제다, 이는 단지 우리가 가진 최상의 *과학적* 세계 이론만이 무엇이 있는가에 관하여 우리가 진정으로 받아들일 수 있는 어떤 것을 말할 수 있다는 전제다.

그렇지만 단지 우리가 가진 최상의 과학적 세계 이론만이 무엇이 있는가에 관하여 뭔가 이야기할 수 있다는 말이 어디가 틀리다는 것인가? 내가 방금 언급한 철학자들은 텍스트 해석이 과학 이론의 문제라고 여기지 않는다(실로 그렇지 않듯이). 그래서 칸트에 관한 진술은 우리가 가진 최상의 과학적 세계 이론의 일부가 아니다. 그것은 그 어떤 "이론"의 일부도 아니다. 여러분은 실제로 폴 처칠랜드와 더불어 *해석하기 어려운 구절들이 존재하지 않는다*고 결론지을 준비가 되어 있는가? 해석하기 어려운 구절들이 있다고 믿는 것은, 플로지스톤이나 칼로리와 중세 연금술의 네 가지 원리들을 믿는 것처럼 한물간 과학 이론을 믿는 것과 같은가?[19] 그러한 결론에 관하여 *바보 같은* 어떤 것은 없는가? 또는 우리는 버나드 윌리엄스와 더불어, 그러한 믿음들은 단지 *그것이* 의미하는 것이 무엇이든 "이러저러한 사회 세계와 상대적으로"만 참이라고 결론지어야 하는가? 또는 우리는 시몬

---

19) "명제 태도들에 관한 걱정은 그것들이 (비존재한다고 공언되는) 플로지스톤과 칼로리와 중세 연금술의 네 가지 원리들과 너무나 유사하다는 것이다." 다음 처칠랜드 논문의 p.2에서 인용. Paul Churchland, "Activation Vectors versus Propositional Attitudes : How the Brain Represents Reality", *Philosophy and Phenomenological Research*, 52, no. 2 (June 1992), pp.1-6. 나는 같은 책 pp.431-447에 실린 "Truth, Activation Vectors, and Possession Conditions for Concepts"에서 처칠랜드에 답하였다.

블랙번과 더불어, 그것들에 관하여 "유사 실재론자들"이 되어야 하는가? 언어의 파도들이 얼마나 높이 넘실거리고 있는가!

## 존재론 □ 부고

나는 진실로 믿는 사람들을 확신시키지 못할 것임을 안다. 하지만 이러한 특수한 병에 대항하여 몇몇 독자들을 예방 접종할 수 있다면, 나는 아주 행복할 것이다. 내가 이 연속 강좌의 두 번째 강연으로부터 지적하려고 애써온 어떤 것을, 간소하다고 생각하는 분석철학의 경계 안에서 이루어진 **존재론**의 부활에 관한 이 짤막한 설명에서 볼 수 있다. 어쨌든 미리 정해진 "존재한다"의 뜻이 있는데, 이는 단일한 "실제의" 뜻이고 단일한 "글자대로의" 뜻이라고 한번 가정해보자. 말이 나온 김에, 어쨌든 미리 정해진 "동일성"의 뜻이 있는데 이는 단일한 "글자대로의" 뜻이라고 한번 가정해보자. 그리고 그 뜻은 대리석으로 주조되어 신의 상을 모독함이 없이는 수축시키거나 팽창시킬 수 없다고 가정해보자. 나는 이렇게 가정할 경우 우리가 이미 상상의 세계인 클라우드 쿠쿠 랜드(Cloud Cuckoo Land)를 방황하고 있는 것임을 지적하려 하였다. 그러한 가정은 콰인의 절차에 처음부터 함축되어 있는 것이다. 따라서 양상들이 "가능한"과 "불가능한"의 *수학적* 뜻들만큼 분명하다고 하더라도, 양상 논리에 대한 반대가 이루어진다. 콰인은 양상 논리가 바로 우리가 그러한 글자대로의 뜻으로 "존재한다"고 말하고 있음을 어쨌든 *은폐하는*

하나의 방식이라고 생각한다. 따라서 그는 우리의 "이급 [개념] 체계"를 일괄적으로 추방하는 일을 우리의 "존재" 개념들을 확장하는 끝없는 가능성들을 예시하는 것(개념 다원론)으로서 바라보지 않고, 아주 느슨한 말로서 바라본다. 나는 **존재론**에 대한 부고장을 쓸 것을 약속하였지만, 이러한 소견을 늘리는 것은 죽은 말을 채찍질하는 것만큼이나 부고가 아닐 것이다. 대신에 나는 바로 이렇게 말하겠다(망자에 관하여 적어도 한마디 덕담을 말하는 것이 관례이기에). **존재론**은 악취를 풍기는 송장이 되었다. 과거 그것은 플라톤과 아리스토텔레스에게 많은 진정한 철학적 통찰들을 전달하는 수단을 대변했다. 그리고 그러한 통찰들은 여전히 철학에서 조금이라도 어떤 역사적인 감을 가진 우리 모두를 사로잡고 있다. 하지만 그 수단은 오래 전에 그 효용을 다하였다.

# 제 2 부
## 계몽과 실용주의

# 강연 1 │ 세 가지 계몽들

플라톤의 한 유명한 대화편은 소크라테스와 에우티프론의 만남으로부터 시작한다. 에우티프론은 송사에 참석하러 가는 도중임이 밝혀진다.[1] 소크라테스는 자연히 이렇게 묻는다. "한데, 에우티프론. 당신의 경우는 무슨 송사요? 당신은 피고의 처지요, 아니면 원고의 처지요?" 이에 에우티프론은 "고소한 처지입니다"라고 답변한다.

---

[1] Plato, Euthyphro. 내가 인용하는 번역은 레인 쿠퍼(Lane Cooper)의 번역이다. Edith Hamilton and Huntington Cairns, eds., *Plato : The Collected Dialogues* (Princeton : Princeton University Press, 1961), pp.169–185. 나는 레인 쿠퍼가 "신성한"과 "신성하지 않은"이라고 번역한 것을 (다수의 번역들과 일치하도록) "경건한"과 "불경건한"이라는 번역어를 사용하여 수정하였다.

소크라테스 : 누구를 말이오?

에우티프론 : 그분을 고발함으로써 제가 미친 걸로 여겨지게 되었습니다.

소크라테스 : 무엇 때문이오? 날아가기라도 하는 자를 고발한 게요?

에우티프론 : 날아가는 것과는 인연이 머십니다. 그분께서는 아주 연로하시니까요.

소크라테스 : 그분이 누구이신지?

에우티프론 : 저의 아버님이십니다.

소크라테스 : 보시오. 그대의 아버님이시라고?

에우티프론 : 바로 그렇습니다.

소크라테스 : 하지만 죄명은 무엇이며 무엇에 대한 소송이오?

에우티프론 : 살인죄입니다, 소크라테스님.

소크라테스 : 그럴 수가, 에우티프론! 실은 도대체 어느 게 옳은지를 많은 사람들은 알지 못할 게요. 나로서는 이런 일[자신의 아버지를 이러한 죄로 고소하는 일]을 옳게 처리한다는 것은 아무나 할 수 있는 일이 아니라 보오. 그것은 이미 지혜에서 상당히 진보한 사람이나 할 수 있는 일이라 생각하기 때문이오.

에우티프론 : 단연코 상당히 진보하였음에 틀림없죠, 소크라테스님!

이 자축하는 답변 후에 에우티프론은 계속하여 소크라테스에게 다음과 같이 말한다. "이 사건의 희생자는 나의 머슴이었는데, 그는 우리가 낙소스에서 농사를 짓고 있었을 때 그곳의 우리 집에서 품팔이를 하였습니다. 어느 날 이 사람이 술에 취한 상태에서 우리 가복들 가운데 한 사람한테 화가 나서는 이 가복의 목을 베었답니다. 그래서 아버님께서는 이 자의 손발을 묶은 다음 도랑에 내동댕이쳤습니다. 다음에는 아테네로 사람을 보내서 어떻게 해야 할 것인지 선지자에게 문의하도록 했습니다. 그 사이에 아버님께서는 이 결박된 자에 대해서 별로 신경을 쓰지 않으셨고, 살인자라 하여 설령 그가 죽더라도 아무 일도 아니라 여기시고는 소홀히 하였습니다. 그래서 바로 이런 일이 일어난 것입니다."

이런 연고로 에우티프론은 자신의 아버지를 살인죄로 기소하기로 작정하였다는 것이다. 더욱이 에우티프론은 이것을 "경건함"이 요구한다고 절대적으로 확신한다.

소크라테스는 곧 다음과 같이 말함으로써 그 대화편의 철학적 활동을 시작하고 있다. "그렇지만, 에우티프론! 맹세코, 당신은 신성한 것들과 관련해서 그것들이 어떤 것들인지, 그리고 경건한 것들과 경건하지 못한 것들과 관련해서도 그것들이 어떤 것들인지를 그토록 정확하게 알고 있다고 스스로 생각하고 있소? 즉, 상황이 당신이 말하는 대로라고 할 경우에, 아버님께서 재판을 받게 함으로써 이번에는 당신 자신이 경건하지 못한 짓을 하게 되지나 않을까 하고 두려워하는 일이 없을 정도로 말이오." 에우티프론의 답변은 이렇게 이어진다. "그렇지 않다면, 제가 아무 짝에도 쓸데가 없을 것입니다. 소크라테스님! 만약에 제가 이런 모든 걸 정확하게 알지 못한다면, 에우티프론은 많은 사람과 어떤 점에서도 다를 게 전혀 없을 것입니다."

그 논의가 이어지는 중에 소크라테스는 곧바로 에우티프론에게 묻는다. "당신은 경건한 것과 경건하지 못한 것을 어떻게 정의하오?" 그리고 에우티프론은 이렇게 답한다. "그러니까 경건한 것이란 지금 제가 하고 있는 바로 이것입니다. 즉, 살인과 관련해서든 성물 절취와 관련해서든 올바르지 못한 짓을 저지른 자에 대해서 또는 이런 부류의 다른 어떤 잘못을 저지른 자에 대해서, 그가 아버지든 어머니든 또는 그 밖의 누구든 간에 기소를 하는 것입니다. 이에 반하여, 기소하지 않는 것은 경건하지 못한 것이라 저는 말합니다." 다음으로 그는 계속하여 소크라테스에게 자신의 말들이 진리임을 드러내는 "결정적 증명"이라고 스스로 부르는 것을 제시한다. 즉, 사람들은 제우스가 신들 중에서도 가장 훌륭하고 가장 올바르다고 믿고 있다. 그런데 이 제우스가, 사악하게 (다른) 아들들을 삼켜버렸다는 이유로 자신의 아버지인 크로노스를 결박했다는 것이다.

이에 대하여 소크라테스는 다음과 같이 답한다. "에우티프론, 나를 [불경건하다]고 비난할 이유를 당신은 가지고 있구려. 사람들이 신들과 관련해서 이와 같은 이야기를 할 때 나는 아무래도 그것을 받아들이길 꺼리는데, 그래서 내가 잘못을 저지르는 것으로 사람들이 말하게 되는 것 같기 때문이요. 그러므로 이제 만약에 이런 것들에 대해 잘 알고 있는 사람인 당신의 경우에도 이 이야기들에 수긍이 간다면, 나 또한 동의하지 않으면 아니 될 것 같소. 우리야 이것들과 관련해서는 아무것도 아는 게 없다는 걸 스스로도 시인하고 있는 터이니, 무슨 말인들 할 수가 있겠소? 하지만 우정의 이름을 걸고 내게 말해주시오! 당신은 이 일들이 그대로 일어난 걸로 정말로 믿고 있소?"

이 짧은 플라톤의 대화편은 (행위들은 신들이 그것들을 승인해서 경건한 것인가, 그것들이 경건하기 때문에 신들이 그것들을 승인하는 것인가 하는 그 심장부에 있는 유명한 물음을 포함하여) 우리가 알기에 바로 서구 철학적 전통의 그 시작을 세밀화로 그려내는 훌륭한 표본이다. 그것을 읽은 여러분은 소크라테스가 경건함의 본성에 관한 어려운 문제에 대하여 하나의 *답변*을 줄 생각이 없음을 알고 있을 것이다. 차라리 그가 주장하는 것은 전통적으로 경건한 것으로 간주되는 행위들의 목록과 전통적으로 불경한 것으로서 간주되는 행위들의 목록을 제시함이 그 물음에 대한 충분한 답변이 아니라는 것이다. 그리고 확실히 그리스 식의 계시인 신들에 관한 이야기들에 호소하는 것은 충분한 답변이 아니라고 하는 것이다.

이 대화편에서 철학은 이미 내가 반성적 초월이라고 부르는 것을 나타낸다. 즉, 한편으로는 관습적 의견으로부터 물러서고, 다른 한편으로는 계시의 권위(이를테면 무비판적으로 글자대로 수용한 종교적 텍스트나 신화들)로부터 물러서서 "왜?"라고 묻는 것이다. 따라서 철학은 우리가 여기서 이미 보고 있듯이 두 열망을 결합시킨다. 정의에의 열망과 비판적 사고에의 열망이 그것이다. 물론 에우티프론은 그 자신의 방식으로 정의를 추구한다. 정말 그는 정의의 요구들이 무엇인지 자신보다 더 잘 아는 사람은 아무도 없다고 확신하고 있다. 에우티프론이 이해하지 못하는 것은 정의에의 열망을 비판적이고 독립적인 실천적 사고와 연결시킬 필요성이다. 이러한 사고가 없다면 정의에의 추구는 너무도 쉽사리 광신을 은폐하여 가리는 일에 불과한 것이 되어버릴 수 있다(사실 에우티프론의 경우에 그러하듯이 말이다).

여러분이 내가 대략 2000년을 뛰어넘어 서력 기원의 17~18세기, 특히 역사가들이 "계몽"이라고 불러온 현상으로 나아가게끔 허용한다면, 우리는 정의에의 추구와 반성적 초월인 "물러섬"의 일을 연결시키는 생각의 한 발전을 볼 수 있다. 대충 말하자면 두 위대한 힘들이 **계몽**을 특징지었다.

영국에서 나타난 홉스와 로크의 새로운 철학과 루소의 철학 및 대륙 합리론의 철학이 끼친 영향이 그 첫 번째 힘이다. 그러한 영향은 "사회 계약"으로서의 새로운 사회 개념과 "자연권들"에 관한 새로운 말에서 드러났다. 그 둘은 정치 이론에서 이루어지는 오늘날의 논의들에서 계속 중요하다.[2] 하지만 자세한 것은 놔두고, 또한 심지어 사회 계약 이론을 어떻게 이해할 수 있는가에 관한 문제는 놔두자. 그리고 우리가 당연시하곤 하는 사회 계약 개념은 정부의 정당성이 피지배자의 동의로부터 나온다는 생각을 널리 수용하게 하는 지속 효과를 낳는다고 말할 수 있다. 이에 비하여 자연권들에 관한 **계몽**의 말은, 모든 인간에게 어떤 능력들(특히, 민주 국가에서 자율적인 시민의 역할을 수행하는 데 필요한 능력들)을 개발할 기회를 줘야 한다는 생각이 널리 퍼지게 하는 지속 효과를 낳는다.[3]

계몽을 특징지은 두 번째 위대한 힘은 새로운 과학이었다. 뉴

---

2) 이것은 크게 독창성이 풍부한 존 롤즈(John Rawls)의 저작, 특히 그의 유명한 *A Theory of Justice* (Cambridge, Mass. : Harvard University Press, 1971)에 근거한다.

3) 나는 "능력들"의 개념을 아마르티아 센(Amartya Sen)으로부터 빌렸다. 센은 일련의 출판물들에서 "능력들에 기초한 접근"을 발전시켰다. 이는 그의 다음 저작들을 포함한다. *Commodities and Capabilities* (Amsterdam : North-Holland, 1985), *Ethics and Economics* (Oxford : Blackwell, 1987). 최근의 주요한 진술은 그의 다음 책에 나타나 있다. *Development as Freedom* (New York : Random House, 1999).

턴 물리학의 크나큰 성공은 널리 일반 대중에게 감명을 주었다, 당시 새로운 과학이 담고 있었던 수학적인 것 등의 전문적인 사항을 일반 대중이 이해할 수는 없었지만(지금도 우리 대다수가 그러하듯이) 말이다. 크레인 브린턴(Crane Brinton)은 그것을 이렇게 표현했다. "의심할 여지없이 뉴턴을 찬양한 신사 숙녀들은 대부분 『원리(Principia)』를 이해할 수 없었다. 그리고 그들 중 몇몇이 유행을 따라 집에서 잠깐 과학 실험을 해보았다고 해도, 그들은 결코 과학적 방법이 지니는 아주 복잡한 개념들을 이해하지 못하였다. 그러나 그들에게 과학은, 인간이 자신의 '자연적인' 추론 능력들을 사용하여 우주에서 사물들이 실제로 있는 방식을 아주 명백하게 이해할 수 있다는 불어나는 생생한 증거였다. 뿐만 아니라 과학은 인간이 실제로 무엇인지 이해할 수 있고, 이러한 자연과 인간 본성에 관한 지식을 결합하여 더욱 행복하고 좀더 나은 삶을 살기를 배울 수 있다는 증거였다."4)

이 모든 생각들이 아무리 모호하다고 하더라도(그리고 확실히 그것들은 수많은 아주 다른 해석들을 허용한다) 브린턴이 또한 말하고 있듯이, "확실히 바로 **계몽** 사상가들이 아주 구체적이면서도 흔히 아주 성공하곤 하는 개혁 운동들을 일으킨 것이었다. 체자레 베카리아(Cesare Beccaria)의 『범죄와 형벌에 관하여(On Crimes and Punishments)』는 벤담의 마음을 움직여 법률 개혁의 문제들에 관하여 작업하도록 도왔다. 그 둘은 함께 많은 다른 이들과 더

---

4) 브린턴의 다음 논문 참조. "Enlightenment" in *The Encyclopedia of Philosophy* (New York : Crowell, Collier and Macmillan, 1967), vol. 2. 나는 p.519에서 인용하였다.

불어 형법과 금고에서 인도적인 개혁들을 고무하였고, 서구 세계 전역에 걸쳐 효율적인 시민법의 개혁들을 불러일으켰다."5)

우리가 17~18세기의 계몽, 즉 큰 **계몽**을 앞선 플라톤적 계몽과 비교한다면, 유사성과 차이를 알아채기가 어렵지 않다. 우선 유사성의 측면을 보자. 똑같이 반성적 초월에의 열망이 있고, 기꺼이 관습적인 믿음과 제도를 비판하고 근본적인 개혁을 제안한다.

플라톤과 관련하여 기꺼이 근본적인 개혁을 제안함에 관하여 말할 때, 나는 단지 『국가(*Republic*)』 전체의 거대한 체계만을 뜻하는 것이 아니다. 나는 좀더 세부적으로 여성의 타고난 열등성이라는 생각에 대한 플라톤의 비판을 염두에 두고 있다.6) 여러분은 소크라테스가 "남성과 여성의 본성은 다르지만 우리는 이제 이 다른 본성들이 동일한 직업들을 가질 수 있다고 말하고 있는 것입니다"라는 반대를 고려하는 장면을 떠올릴 수 있을 것이다. 내가 인용하고픈 논의 부분은 논쟁술이 사람들에게 미치는 결과에 관한 소크라테스의 말로부터 시작한다.

글라우콘, 논쟁술이 사람들에게 미치는 효과는 정말 뛰어나다네.
왜 그렇게 말씀하십니까?
그들은 종종 무의식적으로 낱말들에 관한 단순한 쟁론에 빠지면서도 그것을 합당한 논증으로 착각하고 있는 것으로 보이기 때문일세. 그들은 해당 주제에 적합한 구분을 이루어낼 수가 없는 것이네.

---

5) 같은 책, p.519.

6) *Republic*, V. 454-455. 나는 콘포드(F. M. Cornford)의 다음 번역본을 사용하고 있다. *The Republic of Plato* (Oxford : Oxford University Press, 1945).

그래서 철학적으로 생각을 나누는 대신에 순수하게 언어적인 모순들을 쫓아서 길을 떠나는 것이네.

소크라테스는 이 점을 다음과 같이 설명한다.[7]

우리는 성향이 다른 사람들이 같은 일이나 업무 배정을 받아서는 안 된다는 원리를, 마치 쟁론에서 점수를 매기듯이 낱말 그대로 열심히 고집하여왔네. 하지만 우리는 어떤 종류의 같음이나 다름을 뜻한 것인지, 그리고 어떤 측면에서 이러한 성향과 업무가 다르다거나 같다고 정의할 수 있을 것인지 고려하는 일을 어떤 식으로도 검토하지 않았네. 결과적으로 우리는 대머리인 사람들과 장발인 사람들 간에 반대되는 것이 없는지 서로에게 물을 수 있네. 그리고 그것을 인정하였을 때, 한 부류가 제화공 노릇을 할 경우에는 다른 부류가 그걸 못하게 할 수 있을 것이네.

그건 우스운 일일 것입니다.

그게 우스운 것은 우리가 모든 종류의 같고 다른 성향들을 거론한 것이 아니라, 해당하는 업무와 관련한 종류의 성향만으로 국한시켜 말한 것이기 때문일세. 예컨대 남자와 여자가 둘 다 의술의 재능을 지닌다면, 그들은 동일한 성향을 가진다고 우리는 말한 것이네. 이와 달리 두 사람 중에서 한 사람이 타고난 의사이고 다른 사람이 타고난 목수라면, 그 둘은 다른 성향을 가지는 것일세.

예, 물론입니다.

만약 우리가 남성과 여성이 어떤 특정한 형태의 일과 관련하여 특별한 자질을 갖추고 있음을 발견한다면, 그 직업은 그 한 성이나 다른

---

7) 같은 책.

성에게 할당되어야 한다고 우리는 말할 걸세. 하지만 만약 유일한 차이가 남성은 아이를 생기게 하나 여성은 아이를 낳는다는 점인 것으로 판명된다면, 우리의 목적과 관련하여 남자와 여자 사이에 아무런 차이도 낳지 못했다고 결론지을 걸세. 그리고 우리는 계속하여 우리의 수호자와 그 부인들이 같은 업무에 종사함이 적절하다고 생각할 걸세.8)

플라톤적 계몽과 17~18세기 **계몽**의 유사성은 더 확대된다. 똑같이 새로운 과학을 향한 열정(플라톤의 경우 유클리드 기하학을 향한 열정)이 있다. 그리고 똑같이 윤리학과 정치철학의 문제들을 종교적 텍스트와 또는 신화에 호소하여 결정할 수 없다고 거절한다. 하지만 또한 아주 커다란 차이가 있다.

플라톤이 보기에 한 국가를 (이상적으로) 정당하게 만드는 것은, 선(그리스 사상에서 무엇보다도 인간을 위하여 최상인 삶의 본성을 뜻하는)의 본성을 홀로 신빙성 있게 확인할 능력을 가지는 부류의 사람들(철학자들임에 틀림없는)에 의해 그것이 다스려진다는 것이다. *이와 더불어* 그 국가의 다른 요소들이 철인 통치자의 지도 하에 적절하게 기능해야 한다는 것이다. 정당성은(또는 플라톤의 용어로 "정의"는) 피지배자의 동의에 의존하는 것이 아니라, 적절하게 기능하는 엘리트 계층의 존재에 의존한다.9)

---

8) 플라톤은 통상적인 (남성) 그리스 사람들의 의견에 동의하면서 "전체적으로" 남자는 여자보다 더 많은 재능을 부여받았다고 말하지만(V. 455), *이렇게* 양보한 다음에 곧 그는 다음과 같이 주장한다. "사회 문제를 관리하는 일에서 여자 일반에게 속하거나 남자 일반에게 속하는 직업이란 아무것도 없다. 자연적인 재능들은 똑같이 두 피조물의 여기저기서 발견할 수 있다. 그리고 본성들이 문제라면 모든 직업은 그 둘에 열려 있는 것이다. 다만 여자는 모든 점에서 보다 약할 뿐이다."

나는 이제 *세 번째* "계몽"에 관하여 말하고 싶다. 이것은 아직 일어나지 않았거나 어쨌든 완전히 일어나지 않은 것이다. 그렇지만 그것은 내가 일어나*기*를 바라고 있고, 그것을 위해 싸울 가치가 있는 것이다. 이러한 계몽(나는 그것을 *실용주의적 계몽* 이라고 부르겠다)에서 지난 세기의 그 어떤 다른 사상가보다 존 듀이가 더 훌륭한 철학자라고 나는 생각한다.

두 앞선 계몽들처럼 실용주의적 계몽은 반성적 초월 또는 듀이 자신이 사용한 적이 있는 표현을 빌린다면, *비판들에 대한 비판*이 가지는 가치를 인정한다.10) (『인간 본성과 행위(*Human Nature and Conduct*)』에서 철학과 동등시한 "비판들에 대한 비판"으로써 듀이가 뜻한 것은, 수용된 생각들에 대한 비판만이 아니라 높은 수준의 비판으로서 우리가 생각들을 비판하곤 하는 방식들조차도 "물러서서" 비판하는 우리의 비판 방식들에 대한 비판이었다.) 두 앞선 계몽들처럼 실용주의적 계몽에서도 기꺼이 체제에 순응하지 않고 근본적인 개혁을 주장한다. 18세기의 계몽처럼 실용주의적 계몽에서도 이상 사회를 향한 플라톤의 엘리트주의 모형을 거절한다. 듀이의 다음 글 이상으로 실로 그러한 모형에 대한 반대를 잘 표명한 경우는 거의 없었다.

---

9) 그러나 마르크스주의 비평가들과는 반대로 이는 마르크스의 의미에서 착취 사회가 아니다. 왜냐하면 사회적 잉여가 거의 없거나 아예 없는 것으로 상정되기 때문이다. 사실 플라톤의 이상 국가는 많은 면에서 간디의 *아쉬람(ashram)* 과 유사하다.

10) *Experience and Nature*, volume 1 (1925) of Jo Ann Boydston, ed., *The Later Works of John Dewey* (Carbondale : Southern Illinois University Press, 1981-1990), p.298.

역사는 다른 이들에게 축복을 내리기를 원하는 자비심 많은 전제 군주들이 있음을 보여준다. 그들이 성공한 경우는 오직 그들의 노력이 나쁜 형편에 놓인 이들이 처한 삶의 조건들을 변화시키는 간접적인 형태를 취할 때뿐이다. 동일한 원리가 다른 이들이 수혜를 입도록 그냥 수동적으로 놔두는 식으로 그들에게 선을 행하는 개혁가들과 자선가들에게도 적용된다. 공동선을 조장하려는 노력들에 내재한 도덕적 비극이 있다. 그러한 노력들은 그 결과가 선하거나 공동의 것이 되지 못하도록 막는다. 도움을 받을 사람들의 능동적인 성장을 희생하게끔 하기에 선하지 않고, 그 결과를 낳는 데 아무런 공헌도 못하기에 공동의 것이 아니다.11)

그러나 실용주의적 계몽이 17~18세기 **계몽**의 순전한 연속에 불과한 것은 아니다. 물론 확실히 그 **계몽**에 있는 민주적인 경향에 토대를 두고 있기는 하지만 말이다. 로버트 웨스트브룩 (Robert Westbrook)은 듀이가 요청하는 것을 "심의 민주주의"로서 기술하였는데,12) 그 용어는 적절한 것이다. 그렇지만 심의 민주주의가 어떻게 작동할 수 있는가에 관한 듀이의 시각은 18세기의 것이 아니다. 우선 계몽의 다른 특징인 이성의 가치 평가에 관하여 뭔가를 말하는 것이 그 차이를 설명하는 데 보탬이 될 것이다. 즉, 나는 플라톤과 **계몽**(큰)에서 다른 형태를 띠고 있

11) Dewey & Tufts, *Ethics*, volume 7 (1932) of Jo Ann Boydston, ed., *The Later Works of John Dewey* (Carbondale : Southern Illinois University Press, 1981-1990), p.347.

12) Robert B. Westbrook, *John Dewey and American Democracy* (Ithaca, N. Y. : Cornell University Press, 1991).

는 이성의 가치 평가에 관하여 먼저 이야기하겠다.

듀이는 사실 "이성"이라는 용어를 그렇게 좋아하지 않으며(확실히 큰 "이성"이라는 용어는 좋아하지 않으며), 문제들을 해결하려고 *지성*을 사용하는 일에 관하여 말하는 것을 선호한다. 그리고 용어상의 그러한 변화는 전통 철학에 대한 심층적인 비판을 나타내는 것이다. 전통적인 의미에서 "이성"은 무엇보다도 이러저러한 부류의 변치 않는 진리에 도달할 수 있는 수단이라고 가정된 인간의 능력이었다. 경험론자들이 이미 이러한 개념을 비판한 것은 사실이지만, 듀이는 이성에 대한 경험론자의 비판이 심각한 흠을 가지고 있다고 보았다. 듀이는 적어도 전통적인 철학적 교육을 받은 사람들에게서, 처음에는 전통적인 경험론이 놀랍게도 전통적인 합리론만큼이나 선험주의적인 방식을 취하고 있음을 발견한다.

전통적인 합리론은 과학적 설명들의 일반 형식을 선험적으로 알 수 있다고 생각하는 점으로 유명하다. 데카르트에 따르면 우리는 기하학의 법칙과 심지어는 역학의 근본 원리까지 선험적으로 안다. 하지만 경험론은 똑같이 과학적 자료, 실상 모든 경험적 자료의 일반 형식을 선험적으로 알 수 있다고 생각한다. 설사 노골적으로 그렇게 말하지는 않을지라도 말이다! 로크와 버클리와 흄에서 에른스트 마흐(Ernst Mach)에 이르기까지 경험론자들은 경험적 자료가 모두 "감각들"로 이루어진다고 주장하였다. 그리고 그들은 그러한 감각들이, 잠정적인 지식 주장들을 시험할 수 있는 잣대로서 개념화되지 않고 주어진 것이라고 이해한다. 윌리엄 제임스(William James)는 이미 이러한 견해에 반대하면서,

모든 지각 경험은 개념적인 측면과 비개념적인 측면을 가지고 있는데 어떤 것을 인식하는 경험을 어쨌든 부분들로 나누려는 시도는 헛된 일이라고 주장하였다. "감각 내용들과 통각적인 관념은 여기 ['현시되고 인식된 물질적 대상' 속에서] 아주 밀접하게 융합되어 있어서, 어디에서 하나가 시작하고 어디에서 다른 하나가 끝나는지 말할 수 없다. 이는 마치 최근에 전시된 그 교묘한 회전 그림들 속에서 실제의 전경과 채색한 캔버스가 어디에서 결합하는지 말할 수 없는 것과 마찬가지다."[13] 듀이는 제임스가 시작했던 사고 노선을 유지하면서 새로운 관찰 개념들을 만들어내어, 우리가 새로운 자료를 "제정한다(institute)"고 주장한다. 현대 물리학은 (그리고 물론 물리학 이외에도) 그의 말을 넉넉히 뒷받침했다. 과학자는 프로톤이 핵과 부딪히는 것을 관찰하는 것, 또는 전자 현미경의 도움을 빌려 바이러스를 관찰하는 것, 또는 유전자나 블랙홀을 관찰하는 것 등에 관하여 말할 수 있다. *가능한 설명들의 형식이나 가능한 자료들의 형식 그 어느 것도 결코 미리 단번에 정할 수 없다.*

실용주의 일반(듀이의 실용주의를 포함하는)은 *오류가능론자*면서 동시에 *반회의론자*가 됨으로써 특징지어진다. 이에 반하여 전통적인 경험론은 한 순간에는 지나치게 회의적인 입장을 취하다가, 다른 순간에는 모자란 오류가능론자가 되곤 하면서 갈팡질팡하고 있다고 실용주의자들은 본다.

듀이는 종종 사회적 문제들에 관하여 경험적이고 정책 지향적

---

13) William James, *Essays in Radical Empiricism*, ed. F. Bowers and I. J. Skrupskelis (Cambridge, Mass. : Harvard University Press, 1994), p.16.

인 탐사를 더 요청한다. 그렇지만 듀이가 갈구한 사회과학적인 연구는, 결국 자신의 신발이 언제 그리고 어디에서 꽉 끼는지 가장 잘 아는 보통 사람들의 일에 종사하는 사회과학이었음을 깨닫는 것이 중요하다.

존 듀이가 과학적 연구를 사회 문제들에 적용하기 위한 일을 하기에 앞서 불러낼 수 있을 가장 유명한 고전적인 경험론 사상가는 밀과 콩트였다. 하지만 콩트는 엘리트주의로 되돌아갔다. 그는 사회 문제를 사회과학적인 지성인들인 *석학*들에게 맡기는 것을 구상했고, 이러한 구상은 듀이가 "자비심 많은 전제 군주"라는 생각과 관련하여 비판하고 있는 것이다.

밀에 대해서는 같은 비판을 제기할 수 없는 것으로 보일 수도 있다. 밀은 듀이가 하려고 했던 것만큼이나 민주적인 과정의 모든 측면들에 능동적으로 참여하는 것을 소중히 여겼다. 하지만 사회과학적인 지식을 사회적인 문제들에 적용하는 것에 관한 한, 밀이 요청한 것은 *개인 심리학*이라는 완성된 과학의 발전이었다. 그는 바로 고전적인 경험론을 특징짓는 방법론적 개체론의 전통을 이어나가면서, 우리가 특정한 사회 문제들에 적용할 수 있는 사회 법칙들을 (사회학을 심리학으로 환원하는 바라던 환원을 통하여) 그러한 과학으로부터 이끌어낼 수 있을 것이라고 생각했다. 오늘날 대부분이 수긍하듯이 이 전체의 계획은 잘못된 환상이다.

듀이는 계몽 철학자들이 두 가지 실수 중 어느 하나를 저질렀다고 본다. 그들은 이러저러한 중요한 점에서 선험적으로 추론하려고, 달리 말하여 독단적으로 추론하려고 시도하였다. 아니면 (특히 그들이 경험론자였다면) 그들은 실제의 사회 과정들에 관한 진정한 과학적 지식을 개발하려하지 않고, 대신에 감각론 심리학이라는 상상적인 과학을 만들어내었다.14) 듀이는 종종 "과학주의적"이라는 비난을 받곤 하였다. 이러한 비판은 부당할 뿐만 아니라(그의 『경험으로서 예술(*Art as Experience*)』이나 『인간 본성과 행위(*Human Nature and Conduct*)』를 읽은 사람 이면 누구나 알고 있듯이), 사회적 문제들에 관한 신중한 경험적 연구를 전혀 존중하지 않는 오랜 사회 사상의 전통에 듀이가 반 대하고 있음을 알지 못하는 것이다. 자본주의 발전의 "법칙들"을 발견했다고 주장한 칼 마르크스(Karl Marx)조차도 그의 『자본 론(*Capital*)』3권에서 자본주의가 소위 그 내적 모순들로 인하여 붕괴할 것 *임에 틀림없다*는 선험적인 증명을 제시하려는 유혹을 이기지 못했다!15)

---

14) 루스 안나 퍼트남과 나는 듀이의 *Logic, the Theory of Inquiry*가 그 부제가 가리키듯이 탐구의 일반 이론이며 오늘날의 철학자들이 "논리학"이라고 부르 는 것이 아니라 밀의 *System of Logic*에 대한 답변과 반박으로서 해석할 수 있다고 논증하였다. 그리고 그 두 책들은 모두 "사회 문제들에 관한 올바른 탐 구 방법은 무엇인가?"라는 질문에 관한 것이다. 우리의 다음 논문 참조. "Epistemology as Hypothesis", *Transactions of the Charles S. Peirce Society*, 26, no. 4 (Fall 1990), pp.407-434. 나의 책 *Words and Life* (Cambridge, Mass. : Harvard University Press, 1994)에 "Dewey's *Logic* : Epistemology as Hypothesis"라는 제목으로 수록. *Logic*은 다음 책의 12권(1938)에 있다. Jo Ann Boydston, ed., *The Later Works of John Dewey* (Carbondale : Southern Illinois University Press, 1981-1990).

15) 물론 나는 유명한 "The Falling Rate of Profit"의 증명을 지칭하는 것이다. 그 증명은 *전혀* 선험적이지 않다고 반대할 수도 있다. 마르크스는 "점증하는 자본의 유기적 구성"이라는 경험적인 가정을 필요로 한다. 하지만 그는 이러한 가정을 위한 *증거*를 손톱만큼도 제시하지 못했다!

이제 나는 17~18세기 **계몽**과 실용주의 계몽의 두 번째 (그리고 똑같이 중요한) 차이점으로 눈을 돌리겠다. 앞서부터 내가 인용한 논문에서 브린턴은 아주 일찌감치 우리에게 다음과 같이 말하고 있다. "철학의 역사에서 두 가지 주요한 주제들이 특별한 중요성을 띠게 된 것은, 그 주제들이 **계몽**에서 교육받은 대중의 사고로 **흡수**될 때였다."[16] 내가 우선 논의하기로 선택한 두 번째 "주제"는 "높아지는 자연과학의 명성"과, 인간의 문제들을 해결하는 데 이성의 힘에 대한 늘어나는 신뢰에 그 명성이 반영되는 주목할 만한 방식이었다. 브린턴은 그 첫 번째 주제에 관하여 다음과 같이 기술하였다. "홉스에서 로크를 거쳐 루소에 이르는 [정치 철학에서] 사회 계약 이론의 발전은 널리 공표되었고, '자연권' 개념이 그러했듯이 유럽과 미국 두 곳 모두에서 보통의 정치적 논의를 이루는 어휘의 일부가 되었다."

브린턴은 단지 홉스-로크-루소의 차례만을 언급하고 있지만, 사회 계약의 이미지는 숨겨진 형태이긴 하나 칸트의 사상에도 나타난다고 지적되곤 하였다. 그러나 "사회 계약"이라는 그림은 완전하게 도덕적인 존재들이 *있을 수 있다*고 가정하는 것이다. 그리고 이것이 왜 사회 계약 이론가들을 "원자론적 개체론"이라고 그렇게 자주 비난하곤 했는지 하는 이유다. 칸트적 의미에서 그러한 도덕적 존재들은, 바로 (*스스로 공동체를 형성해야 하는 이유*들을 여전히 필요로 하는) 모든 유사한 존재들이 받아들일 수 있는 원리들에 따르기를 추구하는 존재들이다(이러한 의미는

---

16) Brinton, "Enlightenment", p.519.

내가 "반성적 초월"이라고 부른 것 속에서 세워짐에 주목하라). 인간은 마치 완전하게 구성된 지적인 인간일 수 있는 것처럼 생각된다. 그리고 사실 칸트가 변형시킨 모형에서, 인간은 사회에 들어가기에 앞서 완전하게 구성된 *도덕적* 인간인 것으로 여겨진다. 19세기에 이미, 특히 헤겔이 이러한 전체의 사고 방식에 반대하는 논의를 제기했었다.

듀이가 자신의 철학적 경력을 헤겔주의자로서 시작했다는 것이 중요할 수도 있다. 헤겔과 마찬가지로 듀이에게 우리는 처음부터 공동체적인 존재들이다. 아무런 공동체에도 속하지 않는 존재들이 "원리"의 관념이나 원리들에 따를 특별한 동기를 가질 수 있다는 생각은, 한 "사고 실험"으로서조차도 순전히 환상에 불과한 것이다. 나아가 흄과 벤담과 같은 경험론 사상가들과는 달리, 듀이는 도덕 공동체가 순전하게 동정의 감정에 의해 구성될 수 있다고는 생각지 않는다. 그는 이렇게 쓰고 있다.

동정은 진정한 자연적 본능으로서 여러 다른 개인들에 있어서 그 강도가 변한다. 사회적인 통찰과 사회화된 감정의 발전을 위하여 그것은 귀중한 수단이다. *하지만 본래 그리고 자연히 그것은 모든 타고난 재능과 같은 평면상에 놓인다.* [강조는 덧붙인 것임] 그것은 감상적인 생각이나 이기주의로 이끌 수 있다. 해당 개인은 비참한 장면들이 자신에게 고통을 야기하기에 그로부터 피하거나, 자신이 얻는 공감적 쾌락들 때문에 유쾌한 동료들을 사귀려고 할 수도 있다. 그렇지 않으면 그는 동정에 의해 다른 이들의 선을 구하려고 애쓸 수도 있다. 하지만 심사숙고하지 않기 때문에, 그는 진실로 그 다른 사람들의 선이 무엇인지 전혀 알지 못하여 상당한 해를 끼칠 수도 있다.

… 다시 본능적인 동정은 불공평한 것이다. 그것은 친족이나 가까운 동료를 애착하여 다른 이들을 희생하면서까지 그들에게 호의를 베풀고, 그 특권 집단 이외의 사람들에게는 적극적으로 부정을 행할 수도 있다.[17]

말할 필요도 없이 듀이는 동정 일반을 공격하고 있는 것이 아니다. 그가 요청하는 것은 동정의 *변형*이다. 아리스토텔레스처럼 그는 윤리적이 되는 이유들을 비윤리적이거나 선-윤리적인 관점으로부터 알 수 없다고 믿는다. 우리는 *교육을 받아* 윤리적인 삶을 살게 되는 것이다. 그리고 이러한 교육은 우리가 이미 공동체 *속에* 있음을 전제하는 것으로서, 공동체를 생기게 하는 뭔가가 아닌 것이다.

자신의 충동들을 이러한 방식으로 변형시키는 사람이 듀이적인 도덕적 인간이다. 듀이는 이런 인간이 다른 이들의 목적들을 단순한 수단과는 다른 어떤 것으로서 다룬다는 점에서 칸트와 의견 일치를 보일 것이다. 듀이적인 인간의 동정은 그의 다른 충동들과 *겨루는* 어떤 것이 아니라 그것들과 융합되는 어떤 것이다. 듀이적인 인간은 단순히 "나"보다는 "우리"에 의거하여 생각한다. 그래서 그는 칸트의 **정언명법**에서 **목적들**의 **왕국**이라는 정식(항상 다른 인간을 한갓 수단으로서 대하지 말고 목적으로서 대우하라는)에 따른다. 하지만 *도덕적 동기*에 대한 듀이의 설명

---

17) 이것은 다음 책 1908년 판(듀이가 쓴 절)에서 인용한 것이다. Dewey & Tufts, *Ethics*, volume 5 in Jo Ann Boydston, ed., *The Middle Works of John Dewey* (Carbondale : Southern Illinois University Press, 1976-1983), pp.271-272.

은 칸트의 설명과는 전혀 다르다. 칸트에게 동기인 것은 "도덕 법칙"에 따르는 "존엄성"이다(이는 궁극적으로 모든 다른 합리적 존재들이 그들 자신에게도 또한 줄 수 있는 법칙을 나 자신에게 주는 "존엄성", 즉 "자율"의 존엄성을 뜻한다). 듀이에게 우리가 가정할 필요가 있는 개별적인 도덕적 동기란 없으며, 더군다나 확실히 유일하게 초월적인 도덕적 동기란 없다. 단지 다원적이고 이질적이지만 *도덕적으로 변형된* 우리의 관심들과 열망들만 있을 뿐이다. "이성"과 "경향"이라는 칸트적 이원론은 처음부터 거절된다.

이미 지적하였듯이, **계몽**은 국가의 *정당성*을 피지배자의 동의에 기초한 것으로서 바라보도록 우리에게 가르쳤다. 확실히 듀이는(또는 제임스나 미드(Mead)나 어떤 다른 고전적 실용주의자들은) 정당한 국가가 그 피지배자들의 동의를 구해야 한다는 생각에 도전하기를 원치 않을 것이다. 하지만 **계몽**은 피지배자의 동의라는 생각을 사회 계약에서 나온 사회 모형으로부터 *이끌어내었다.* 사실상 그것은 도덕성만이 아니라 사회성을 계약법의 이상화된 이미지인 *재산법*으로부터 이끌어낸 것이다. 그리고 듀이는 헤겔처럼 이것이 우스운 일이라고 생각한다.18)

전체의 사회 계약 전통과는 다르게 듀이는 조금이라도 사회

---

18) *A Theory of Justice*에서 롤즈의 사회 계약 모형 옹호는 **"공정성"**에 관한 우리의 생각으로부터 그 모형을 이끌어냄으로써 이러한 반대를 피하는 것을 뜻하였다. 그러나 나는 그러한 순수하게 개념적인 옹호가 도덕철학에 관한 "개념적 분석"이라는 생각에 대한 롤즈의 거부와 모순되는 것이라고 본다. "반성적 평형"에 관한 말은 의심쩍게도 먹은 과자를 손에 남기려고 하는 것과 같아보인다!

속에(또는 윤리적 삶 속에) 서 있음을 정당화하려고 시도하지 않는다. *더욱이* 그는 칸트처럼 선험적인 동기에 호소하거나 명백히 허구적인 "사회 계약"에 호소하여 그것을 정당화하려고 시도하지도 않는다. 듀이에게 문제는 공동체의 존재를 정당화하거나 사람들이 다른 사람들의 관심을 그들 자신의 것으로 만들어야 함을 보이는 것이 아니다. 도덕적으로 훌륭한 공동체가 *민주적*으로 조직되어야 한다는 주장을 정당화하는 것이 문제다. 듀이는 우리가 맞닥뜨린 윤리적이고 실천적인 문제들을 아무런 이해 없이 다루기보다는 지성적으로 이해하여 다루어야 할 필요에 호소하여 이러한 정당화를 이루어낸다. 우리의 문제들을 단순히 전문가들에게 맡겨버릴 수 있다는 생각에 반대하는 듀이의 논증들(1920년대에 이 문제에 대하여 듀이와 월터 리프만(Walter Lippman) 사이에 이루어진 유명한 논쟁이 있었다)[19]과 대부분의 보통 개인들은 (자신의 신발이 어디에서 꽉 끼는지에 관한 지식일지언정) 적어도 하나의 독특한 전문 분야를 가진다는 그의 주장은, 루스 안나 퍼트남과 내가 듀이의 "인식론적인 민주주의 옹호"라고 불러온 것의 일부다.[20] 듀이는 정책 형성에 일반 대중이 참가하지 않는다면 그러한 정책은 사회의 공통적인 필요와 관심들을 반영할 수 없다고 논증하였다. 왜냐하면 단지 일반 대중만이 그러한 필요와 관심을 알고 있기 때문이다. 그리고 그

---

19) 다음 책의 2권(1925-1927)에 포함된 듀이의 *The Public and Its Problems* 참조. Jo Ann Boydston, ed., *The Later Works of John Dewey* (Carbondale : Southern Illinois University Press, 1981-1990).

20) 다음 논문 참조. H. Putnam & R. A. Putnam, "Epistemology as Hypothesis"

러한 필요와 관심들은 민주적인 "사회적 필요와 곤란을 드러내는 협의와 논의" 없이는 알 수 없는 것들이다. 그러므로 듀이는 이렇게 말했다. "전문가 부류는 불가피하게 공통적인 관심사들로부터 떠나서 사적인 관심사들과 사적인 지식을 가진 부류가 될 수밖에 없는데, 그러한 지식은 사회 문제에서 전혀 지식이 아니다."

이 듀이의 진술을 전문가들이 불가피하게 "사적인 관심과 사적인 지식을 가진 부류가 된다고" 주장하는 것으로서 해석하는 것은 중대한 오류일 것이다. 듀이가 그의 많은 에세이와 책에서 분명히 하였듯이, 우리는 듀이 자신과 같은 직업적인 교육자들과 사회과학자들 포함하여 전문가를 필요로 한다. 그가 반대 논증을 편 것은, 한 민주주의 사회에서 보통 시민들의 역할을 어떤 전문가 집단을 임명할 것인지에 관하여 숱하게 해마다 표를 던지는 데 제한시켜야 한다는 견해다. 듀이는 당시 새로운 교육관이었던 것을 증진하는 데 매진함으로써, 다른 종류의 민주주의인 "참여" 민주주의 내지는 더 낮게 "심의" 민주주의를 낳는 데 스스로 큰 공헌을 하였다. 민주주의가 참여와 심의를 거친 것이려면, 교육과 관련하여 기계적으로 암기하여 사물들에 관하여 학습하고 자신들이 배운 것을 믿도록 단순하게 사람들을 가르쳐서는 안 된다. 심의 민주주의에서는 스스로 생각하고 질문하고 비판하는 법을 배우는 일이 근본적인 것이다. 그러나 스스로 생각하기는 전문적인 지식을 추구할 때와 장소를 학습하는 것을 배제하지 않고, 사실 요구한다.

듀이에게 우리의 사회가 민주 사회여야만 한다는 요구는, 단지 민주주의 사회에서만 누구나 스스로 논의에 공헌할 기회가 있다는 사실로부터 따라나온다. 그리고 우리의 사회가 *사회* 민주주의여야만 한다는 요구는, 우리가 허용하는 부와 권력에 자리한 크나큰 불평등이 가장 억압을 받는 사람들의 관심사들과 불평들을 사실상 심도 있게 고려하지 못하게 한다는 사실로부터 따라나온다. 그러한 차단으로 인하여 고치기 어려운 가난이나 깊이 뿌리를 내린 실업의 경감, 또는 가장 절실하게 교육을 필요로 하는 아이들에게 제공된 조악한 교육적 기회들과 같은 문제들을 해결하려고 하는 모든 진지한 시도가 늘 궤도에 오르지도 못하게 되는 것이다.

하지만 **계몽**만이 아니라 오늘날에 이르기까지 수많은 철학자들의 사고를 지배했고 여전히 지배하고 있는 윤리학이나 도덕철학의 전체 개념은 듀이와 또 다른 차이를 보이고 있다. 나는 받아들여진 개념이 무엇인지 지적하는 데 도덕철학의 역사에 관한 존 롤즈의 훌륭한 강연들로부터 몇몇 문장들을 인용하는 것이 가장 낫다고 생각한다. 그 강연집의 앞부분을 차지하는 「근대 도덕 철학의 문제(The Problem of Modern Moral Philosophy)」라는 제목의 절21)에서, 롤즈는 다음과 같이 쓰고 있다.

여기서 나는 도덕철학의 전통을, 자연법의 전통과 도덕감 학파의 전통과 윤리적 직관주의와 공리주의의 전통들과 같은 것들로 이루어진 그 자체 한 전통 가족이라고 생각한다. 이 모든 전통들을 하나

---

21) John Rawls, *Lectures on the History of Moral Philosophy* (Cambridge, Mass. : Harvard University Press, 2000), pp.8-11.

의 포괄적인 전통의 일부로 만드는 것은 그러한 전통들이 공통적으로 이해된 어휘와 용어를 사용한다는 것이다. 더욱이 그러한 전통들은 서로서로의 결론과 논증들에 응수하고 반대하여, 그러한 논쟁들이 결국 부분적으로는 더 나은 발전으로 이끄는 합당한 논의가 된다.

롤즈 자신이 아주 중요한 공헌을 한 그가 기술하고 있는 전통에서, 도덕철학은 잘 알려진 윤리적 개념들인 *옳은, 그릇된, 정당한, 부당한, 좋은, 나쁜, 권리, 의무, 책임* 등을 포함하는 판단들을 다룬다. 좀더 중요한 것은 도덕철학이 잘 알려진 서로 다른 전통들을 비교하고 판가름하는 문제라고 계속 생각하는 것이다. 오늘날 칸트주의와 공리주의의 변화한 형태들이 여전히 그 논쟁의 전면에 있다. 또한 우리는 여전히 도덕철학이 잘 알려진 소수의 추상적인 윤리적 용어들을 포함하는 아주 예측 가능한 종류의 논증들을 담아내고 있다고 생각한다.

윤리학에 관한 듀이의 개념에서 멀리 떨어뜨려 생각할 수 있는 것이란 없다. 듀이에게 윤리학은 "철학"이라 불리는 직업 분야의 한 작은 모퉁이를 차지하는 것이 아니다. 그리고 우리는 윤리학의 문제들이 어떤 것이든 하나의 고정된 어휘로 정식화될 수 있다고 생각하거나, 고정된 "-주의들"을 모아 그러한 문제들을 조명할 수 있다고 생각할 수 없다. 제임스와 마찬가지로 듀이에게 철학은 본래 직업적인 학과가 아니고 직업적인 학과여서는 안 된다. 철학은 오히려 모든 반성적인 인간이 "비판들에 대한 비판"을 실천하는 만큼 참가하는 어떤 것이다. 윤리학의 문제는 적어도 *이러한* 의미에서 삶에 관한 철학의 관계 문제만큼이나 넓은 것이다. 따라서 어떤 인간적인 문제든지 우리의 공동 복지나 개인 복지에 영향을 미치는 한, 그것은 크게 "윤리적인" 것이다. 하지만 그러한 문제는 또한 동시에 미적이거나 논리적이거나 과학적이거나 그 밖의 어떤 것에 관한 것일 수도 있다. 그리고 우리가 한 문제를 해결하고 그 날을 마치면서 그것이 그 용어의 전통적인 의미에서 "윤리적인 문제"인 것인지 말할 수 없다고 하여, 그러한 일이 나쁜 일은 결코 아니다. 듀이가 그랬듯이 논리학을 탐구 이론으로서 생각하여 철학 분과들에서 가르치곤 하는 수학의 가지로서 생각하지 않고, 또한 윤리학을 삶에 관한 탐구의 관계라고 생각해볼 수 있다. 이렇게 생각하면, 예컨대 듀이의 『논리학(*Logic*)』처럼 같은 책이 한 가지 면에서 바라볼 때는 논리학 텍스트가 되고(또는 듀이가 이 단어를 싫어했다손 치더라도, 인식론 텍스트가 되고) 다른 면에서 바라볼 때는 사회 윤리학에 관한 책이 될 수 있을 것이다. 이러한 생각은 윤리학이라는 전체의 주제를 *개방시켜* 신선한 공기를 들이는 올바른 방식이라고, 실은 유일한 방식이라고 나는 믿는다. 그리고 내가 "실용주의적 계몽"이라고 불러온 것은 본래 바로 이것을 요청한다.

이 강연에서 나는 역사상 *학습 과정*들이 있어왔고 미래에 또 다른 학습이 있을 수 있다고 주장하였다. 나는 (이 강연의 처음에 인용한) 소크라테스와 에우티프론의 논의가 예시하는 종류의 반성이 그 역사적 단계에 출현하는 것을, 한 학습 과정을 나타내는 것이라고 묘사하였다. 나는 플라톤이 주장한 이상 사회가 지니는 엘리트주의적인 견해에 대한 궁극적인 거절이 단순한 "우연"이 아니라, 인간 경험과 그 경험에 관한 지적인 반성의 결과라고 서술하였다. 나는 18세기에 시작한 민주주의의 위대한 실험들과 계몽의 이념들을 또 다른 학습 과정으로서 묘사하였다. 그리고 나는 듀이의 오류가능론과, 오류 가능적 탐구와 민주주의를 결합시키는 그의 내적인 연계 및 일련의 규칙들이나 정식들이라기보다는 탐구 기획으로서 윤리학을 바라보는 그의 새로운 개념을 그러한 학습 과정의 한 확장으로서 서술하였다.

많은 사상가들에게 세 가지 계몽에 관한 나의 말이 소박해보일 수 있을 것이다. "후기 구조주의자들"과 실증주의자들과 많은 다른 사람들이 혐오를 드러낼 것이다. 하지만 나는 내가 진보에 대한 낡은 사상의 믿음을 갖고 있는 사람임을 분명하게 드러내기 위하여, 이러한 방식으로 말하기를 선택하였다. 물론 윤리학에서나 사회적 화합에서나 진보는 불가피하다는 믿음은 어리석은 것이고, 내가 말하는 진보는 그런 것이 아니다. 그런 "진보"는 바로 종말론의 세속판이다. 이와 달리 내가 믿고 있는 것은 진보의 *가능성*이다. 그러한 믿음은 사실 남용될 수 있다. 남용될 수 없는 믿음이 과연 있을 수 있을까? 그러나 진보라는 생각과 계몽의 기획을 포기하는 것은, (그러한 포기가 유행하는 "포스트모더니즘적인" 태도 이상의 것일 때) 대양에다 몸을 맡기면서 항해 도구들을 던져버리는 것이다. 나는 우리가 그렇게 어리석지 않기를 바란다.

# 강연 2 | 계몽에 관한 회의론

　앞 강연에서 나는 철학을 내가 "반성적 초월"이라고 부르는 것을 목표로 하는 하나의 기획으로서 특징지었다. 이는 바로 관습적인 믿음과 받아들여진 의견 또는 심지어 받아들여진 관례들로부터 물러서서, "왜 우리가 이것을 올바른 것으로서 받아들여야 하는가?"라는 통찰력 있는 물음을 던지는 행위인 것이다.[1] 그 결과는 역사상 어떤 중요한 순간들에서 우리의 사고 방식들에 대한 심오한 재평가다. 그리고 우리는 이를 "계몽"이라고 부를 수 있다. 나는 이러한 의미에서 플라톤을 계몽철학자로서 인

---

[1] 반성적 초월에의 충동은 하버마스가 다음 책에서 "해방적 관심"이라고 부르는 것과 밀접한 관련이 있다. *Erkenntnis und Interesse* (영어 번역본, *Knowledge and Human Interests* [Boston : Beacon Press, 1971]).

용하고, 종교적 광신에 대한 그의 비판과 사회의 모든 공직이 남자만이 아니라 여자에게도 열려 있어야 한다는 명제를 지지하는 그의 훌륭한 옹호를 사례들로 들었다. 나의 목록에 들어 있는 두 번째 계몽은 그 이름이 가장 잘 알려진 것으로서, 홉스와 스피노자, 루소와 칸트, 볼테르와 그 *철학자*들의 이름들과 관련된 17~18세기의 운동이었다. 나는 그 계몽을 새로운 과학들이 가진 힘에 대한 신념과, 사회 계약으로서 사회 개념을 대변하는 것으로서 특징지었다. 그리고 계몽에서 그러한 과학들이 가진 힘이 사회적이고 도덕적인 문제들에 관하여 생각하는 데 적용될 수 있기를 희망하였다. 우리는 확실히 피지배자의 동의라는 생각을 보유하기를 원한다. 하지만 두 번째 계몽은 많은 측면에서 큰 결함이 있는 잘못된 개념들을 가졌다고 나는 말하였다. 다음으로 나는 존 듀이가 그 **계몽**의 양 날개인 합리론자의 날개와 경험론자의 날개를, 서로 다른 방식이긴 하지만 크게 선험적인 것으로서 특징지었다고 기술하였다. 결과적으로 사회와 인간에 관하여 "과학적으로" 생각하는 합리론자 및 경험론자의 프로그램은 그 두 경우에 모두 다양한 종류의 형이상학적 환상으로 끝났다는 것이다. 그리고 윤리학과 사회를 위한 형이상학적 기초를 제공하는 전체의 프로그램(예컨대, 왜 우리가 조금이라도 사회적 존재여야만 하는지에 관한 이유를 제공하는 프로그램)은 철학이 기여할 수 있고 기여해야 하는 공헌을 잘못 설정하는 것이다. 나는 우리가 "제3의 계몽"을 필요로 한다고 제안하였다. 이러한 계몽에서 지식 개념은 17~18세기의 개념보다 훨씬 더 오류가능론적인 것이며 반형이상학적인 것이지만, 회의론으로 빠져들지 않는 것이다. 나는 듀이를, 여러 가지 면에서 그러한 세 번째 계몽을 위하여 필요한 방향으로 우리를 향하게 하는 철학자로서 기술하였다.

앞 강연에서 나는 계몽에 관한 나의 말이 후기 구조주의자들과 실증주의자들과 "많은 다른 이들"에게는 소박해보일 수도 있다고 말하였다. 그리고 그때 나는 내가 진보를 믿는 사람임을 분명히 하기를 원했다. 물론 내가 믿는 진보가 윤리학이나 사회적인 삶에서 불가피한 진보라는 17~18세기의 의미에서 진보인 것은 아니다. 나는 진보의 *가능성*을 믿는다. 듀이가 찬성했을 하버마스의 말을 사용하면, 나는 역사상 *학습 과정*들이 있어왔음을 믿으며 미래에 또 다른 학습이 *있을 수 있다*고 믿는다.

나는 이제 사람들이 사회 역사에서 학습 과정들과 윤리학에서 합리적 설득이라는 바로 그 가능성을 거절하려고 어떤 이유들을 제시해왔는지 고찰하고 싶다. 나는 오늘날과 과거의 철학자들이 제시해온 모든 이유들을 고찰하려고 시도하지는 않겠다. 모든 이유들을 고찰하는 일은 분명 너무나 방대한 일이기에, 착수할 엄두가 나지 않는 일일 것이다. 특히 (윤리적 문제들에 관한 추론과 같은 것은 있을 수 없다고 사람들을 설복시키는 일에서 20세기의 상당 기간 동안 영향력을 발휘했던) 논리실증주의자의 견해들은 논의하지 않겠다.[2] 나는 과거에 이러한 견해들에 관하

---

2) 이것은 에이어가 *Philosophical Essays* [London, 1959], p.237에서 대중화한 견해다. 그는 거기서 다음과 같이 쓰고 있다. "우리가 내리는 도덕적 판단들의 근거를 밝히는 이유들인 것은, 그것들이 태도들을 결정한다는 의미에서만 이유들이다." 에이어는 루돌프 카르납을 따랐고, 카르납은 윤리적 판단들이 단지 "개념들과 이미지들"이 그것들과 연합될 수 있다는 뜻에서만 의미를 가진다고

여 충분히 논의하였고, 그러한 견해들을 최근의 책에서 다시 상세하게 다루었다.3) 대신에 내가 고려하고자 하는 것은 "진보"와 "학습 과정들"과 윤리학의 "추론" 등에 관한 말을 모두 거절하는 두 가지 아주 현대적인 종류의 이유들이다. 그 하나는 "포스트모더니즘"이라는 호칭과 관련이 있고, 다른 하나는 더욱 폭넓게 "역사주의"와 "상대주의"와 같은 호칭과 관련이 있다. 하지만 나의 목표는 단순히 소위 포스트모더니즘 철학을 "쳐부수려는" 것이 아니다. 사실 내가 이 강연에서 비판하려는 프랑스 철학자들인 푸코와 데리다로부터 우리가 배울 수 있는 중요한 것들이 있다. 그리고 내가 또한 비판하려는 철학자들 중에 중요 분석철학자들이 있다. 특히 나는 가장 훌륭한 분석철학자들 중 한 사람이라고 알고 있는 버나드 윌리엄스의 최근 저술을 비판할 것이다. 또한 나의 친구인 리차드 로티의 저술 중 몇 가지를 비판할 것이다. 로티의 저작은 분석적인 영향과 "대륙적인" 영향을 모두 반영한다. (진리를 말하라면, 나는 철학을 "분석적"이거나 "대륙적"인 것으로서 분류함이 결코 좋은 것이라고 생각지 않는다. 하지만 그것은 다른 경우를 위한 주제일 것이다.)

---

인정하였다. 카르납은 이것이 "모든 임의적으로 합성된 일련의 단어들"에 대하여 참이라고 말했다. (*The Unity of Science* [London : Kegan Paul, Trench, Hubner, 1934], pp.26-27). 실로 논리실증주의자들은 자신들이 모든 가능한 종류의 인지적으로 유의미한 판단들에 관한 논리적 분석을 제공하였다고 믿었고, 그러한 분석은 가치 판단들이 "인지적인 의미"를 가질 수 없음을 보여주었다고 믿었다. 오늘날 실증주의적인 인지적 의미 이론은 일반적으로 실패하였다고 인정되고 있다(자세한 내용은 아래 주 3에 인용한 나의 책 참조).

3) Hilary Putnam, *The Collapse of the Fact / Value Dichotomy* (Cambridge, Mass. : Harvard University Press, 2002).

이성에 관한 말에 대한 "포스트모더니즘적인" 회의론은 많은 형태를 가지지만, 나는 단지 두 가지만을 구분하겠다. 그 하나는 미셸 푸코(Michel Foucault)의 저술에서 좀더 분명히 드러나고 (때로는 그것이 데리다의 저술에서도 또한 등장하지만), 다른 하나는 자크 데리다(Jacques Derrida)에서 분명히 드러난다.4) 나는 푸코가 특정한 제도들, 예컨대 감옥이나 병원의 역사를 분석할 때 극한 힘을 발휘한다고 본다. 그가 감옥이나 병원에 관한 이러한 철학적 역사들을 가지고 하고 있는 일은 진보와 이성에 관한 말이 어떻게 *남용*되어 왔는지를 우리에게 보여주는 것이다. 그리고 그러한 말이 어떻게 그가 인간 삶의 "정상화"라고 부르는 것, 달리 말하여 사람들의 삶에 관한 관료적 행정의 합리화인 것으로서 봉사해왔는지를 우리에게 보여주는 것이다.

감옥 제도가 아주 좋은 것은 아니라는 점에서 푸코는 확실히 옳다. 그리고 특히 그것이 오늘날 미국에서 사용되고 있고 더 정확히 말하면 남용되고 있기에, 좋은 것이 아니라고 나는 덧붙일 수 있다. 그러나 그가 비판한 철학자들(이를테면 제레미 벤담)은 처벌의 한 형태로서 "교도소"를 옹호했다(그리고 그들이 바란 것은 사회 복귀였다). 그들이 반대했던 것은 *고문*과 *사형*이었다. 그들은 사형 일반이 아니라, 아주 사소한 절도죄에도 적용되고 심지어는 미성년 범죄자들에 대해서까지 적용되는 사형에 반대한 것이다. 마찬가지로 병원을 비판할 때, 병원에서 여태까지 해온 것보다 대개의 환자들을 치료하는 더 나은 방법들이 있을 수

---

4) 나는 푸코에게서 이 두 번째 형태(이하에 밑바닥 없는 해석들의 퇴행이라는 생각으로서 기술한)를 찾아내지 못했다.

있다는 점에서 푸코는 옳을 수도 있을 것이다. 그리고 병원의 현재 형태가 필연적으로 관료에 의한 행정을 담고 있다는 점에서도 그는 옳을 수 있다. 그러나 무정부주의자로서 푸코는 한 *대안적인* 형태의 치료법으로서 거대 사회에서 수백만의 사람들이 이용할 수 있는 치료법이 어떤 것일 수 있는지, 조금이라도 자세하게 설명할 책임을 거의 느끼지 못하였다. 마찬가지로 그는 범죄자들을 처우하는 한 대안적인 방법으로서 많은 사람들이 생각해온 뭔가를 제안할 책임을 거의 느끼지 못하였다(아마도 어느 정도의 관료를 여전히 포함하지 않을 한 대안에 관하여 생각하는 것은 불가능한 것일 수 있기에 그럴 수도 있을 것이다). 어쩌면 푸코는 내가 방금 제기한 질문을 거절하였을지 모른다. 즉, 그는 현재의 인구와 같은 어떤 것이 있는 사회들 그리고 현재의 경제적이거나 물리적인 안전 기준(많은 곳에서 나쁠 것임에 틀림없는)과 같은 어떤 것을 가지고 살아가는 사회들을 이루려면, 정부나 행정부가 우리에게 필요하다는 가정을 거절하였을 수도 있다. "무정부주의적" 비판 일반에서 문제는 이렇다. 즉, 비판하는 이가 비판의 대상이 되는 제도들과 관행들에 대한 현실적인 대안들을 제안할 책임을 받아들이지 않을 때, 비판하기가 너무도 쉽다는 것이 문제인 것이다.

하지만 푸코의 정책(또는 그것의 결여)을 제쳐놓는다면, 그의 비판은 중요한 이론적인 통찰을 포함한다. 푸코가 뜻하는 "고고학"은 개념 구조라는 생각을 신중하게 고려하는 관념들의 역사다. 우리의 형법 체계나 병원의 기원들을 이러한 방식으로 탐사하는 것은 개념 체계들을 찾는 것이다. 이러한 개념 체계들은 그

안에 있는 어떤 개념들이 다른 개념들에 의존하기에 내적인 논리적 정합성을 가지고 있는 체계들이다. 특히 찾고자 하는 체계들은 푸코가 "인식론"이라고 부르는 것을 결정하는 체계다. 이는 무엇을 문제로서 간주하고 무엇을 가능한 해결로서 간주하며 무엇을 정당화로서 간주하는지 조직화하는 체계들이다. "분석"철학자들은 여전히 마치 개념들이 비역사적인 실재물인 것처럼 쓰곤 한다(이는 정확히 분석철학의 아버지들인 무어와 러셀이 그것들에 관하여 생각한 방식이다). 그렇지만 그 차세대 계승자들이, 개념들은 역사를 가지며 개념적 분석과 역사적 분석은 결실 면에서 서로서로를 풍부하게 만들 수 있음을 부인할 이유란 없다. 그리고 사실 몇몇 훌륭한 분석철학자들은 바로 그러한 기획을 시도하는 데 푸코의 영향을 받았다.[5] 푸코의 저작 중에서 특히 그의 초기 저작과 관련하여 혼란스러운 것은, 개념들의 역사적 분석을 우리가 가진 개념 체계들의 진화가 단순히 권력 투쟁의 문제일 뿐임을 드러내는 일과 동일시하는 것처럼 보인다는 것이다. 그 초기 저작은 내가 *학습 과정*들이라고 불러온 것의 결과로서 개념들이 진화할 바로 그 가능성을 놓치고 있는 것으로 보인다(삶의 막바지에서 푸코가 그러한 가능성을 열어놓았으리라고 생각할 수 없는 것은 아니라고 하더라도 말이다).

---

5) 이안 해킹(Ian Hacking)의 훌륭한 연구인 *The Emergence of Probability* (Cambridge : Cambridge University Press, 1975)가 한 사례다. 또 다른 사례로서 다음을 들 수 있다. Arnold I. Davidson, "Structures and Strategies of Discourse : Remarks Toward a History of Foucault's Philosophy of Language", in A. I. Davidson, ed., *Foucault and His Interlocutors* (Chicago : University of Chicago Press, 1996).

20년쯤 전에 출판된 책(『이성, 진리 그리고 역사(*Reason, Truth, and History*)』)에서 나는 푸코의 사고 방식에 따르면 우리가 현재 가지는 믿음들, 예컨대 치료를 행하는 한 가지 방식으로서 병원에 대한 우리의 믿음이 **왕권신수설**에 대한 중세의 믿음보다 더 합리적인 것은 아닐 수 있다고 우려를 표시했다.6) 이러한 주장에 대한 나의 답변은 다음을 말하는 것이었다. 첫째, **왕권신수설**에 대한 믿음은 사실 중세에서도 *비합리적인* 믿음이었다. 둘째, 실로 푸코가 옳고, 병원이 필요하다는 우리의 믿음과 마찬가지로 (교도소가 아니라고 하더라도) 범죄자들을 처우하는 어떤 정부 관리 방식을 필요로 한다는 우리의 믿음이 똑같이 비합리적이라면, 왜 그것을 *보여줄* 수 없었는지에 관한 이유란 없다. 확실히 진보에 대한 믿음은 남용되어 왔다. 그런데 진보가 불가능하다는 믿음도 남용되어 왔던 것이다! 이러저러한 맥락에서 남용되지 않았던 *어떤 것*에 관한 단 하나의 믿음이라도 찾아내기는 어려울 것이다. 진보에 대한 믿음이 남용되어 왔다는 사실이 문제들을 해결하는 지성의 힘에 대한 *원리적인* 위협을 이루는 것은, 우리가 오직 그러한 위협이 합리성이라는 바로 그 개념을 의문시하게 한다고 바라볼 때뿐이다.

나는 이를 『이성, 진리 그리고 역사』에서 다음과 같이 말함으로써 명확히 설명하였다. 교회가 신의 소망들에 접근할 수 있는 특권을 가졌는지 의심하는 것은 합당하고 항상 합당했다. 그리고 교회가 신의 소망들에 접근할 수 있는 특권을 가진다는 전제

---

6) *Reason, Truth, and History* (Cambridge : Cambridge University Press, 1981), pp.156-158.

를 거절한다면, 우리는 **왕권신수설**이 비합리적인 학설이었고 비합리적인 학설이라고 생각할 아주 좋은 이유를 가질 것이다. 나는 또한 오늘날의 **가톨릭** 신앙도, **중세**의 군주를 위한 **교회**의 지지가 계시나 건전한 신학만큼이나 정치적인 고려 사항들에 기초한 것이었음을 인정한다고 지적하였다. 요컨대 나는 **왕권신수설**에 대한 믿음이 합리적인 정당화를 결여하는 것이고, 항상 결여하였다고 주장한다.

　『이성, 진리 그리고 역사』에서 보고하였듯이,[7] 나는 이러한 이야기를 쓴 쪽들을 푸코의 견해를 지지하는 누군가에게 보여주었고 나의 친구는 격노하였다(놀랄 것도 없이 나는 그렇다고 인정해야 한다). 그는 **왕권신수설**에 대한 믿음이 *당연히* "합리적"이었다고 논증하였다. 즉, 사람들이 그 당시에 연출한 (푸코가 "진실 게임(*jeu de verite*)"이라고 부를) 것이 주어질 경우 **중세**에 합리적이었다고 논증한 것이다.

　이제 물론 한 사회가 공유한 가정들에 기초하여 잘 구상되고 지적으로 옹호된 견해라면, 그러한 공유 가정들이 어떤 것이든 "합리적"이라고 부를 수 있다는 "합리적인"이라는 단어가 지닌 한 *의미*가 있다. 하지만 *그러한* 의미는 규범적으로 중요한 것이 아니다. 어떤 것이든 우리가 역사의 어떤 특정한 순간에 연출하곤 하는 진실 게임(*jeu de verite*)이 제공하는 의미를 넘어서는 "합리적인"이라는 단어의 한 의미가 있음을 부인함은, 단순히 한 형태의 문화상대주의에 항복하는 것이다. 또는 로티가 한때 그

---

7) 같은 책, pp.157-158.

러했듯 "나는 보증이나 정당화가 S의 진술을 그의 동료들이 받아들임을 관찰함으로써 확인할 수 있는 사회학적인 문제라고 본다"[8]고 말하는 것 또한 그러한 것이다. 문화상대주의는 실로 우리가 맞닥뜨려야 할 중요한 문제이기에, 잠시 후에 그것으로 눈을 돌리겠다.

우리가 다룰 만한 또 다른 종류의 회의론이 있다. 이는 데리다가 유명하게 만든 것으로서, 나 또한 그것에 관하여 뭔가를 말하고 싶다. 데리다가 드러내는 두 가지 경향의(물론 실제로는 둘 이상의) 사고는 "텍스트" 밖에서는 아무것도 얻지 못한다는 생각으로 수렴한다. (그는 이를 "표상의 문제는 붕괴하였다"고 표현한다.)[9] 하나의 경향은 밑바닥 없는 해석들의 퇴행이라는 생각이다. 해체주의자들은 모든 지각과 사고가 해석을 담고 있고, 어떤 해석이든 다른 해석에 의해 영향받기 쉽다고 주장한다. 이것은 부분적으로 참이면서 중요한 것이다. 예컨대 한 글자가 파란 잉크로 쓰인 것을 내가 볼 경우 나는 *파란 잉크*라는 한 개념을 사용하며, 그러한 개념은 *어떤* 맥락들에서 해석을 요구할 수 *있다.* 찰스 트래비스(Charles Travis)가 최근에 쓴 책에서 나온 사례 하나를 들어보자.[10] 나는 문방구점에 가서 파란 잉크 한 병을 달라고 요청한다. 검은 액체가 담긴 병을 받아든 나는, "파

---

8) Rorty, "Putnam and the Relativist Menace", *The Journal of Philosophy*, 90, no. 9 (September 1993), p.450.

9) 나의 다음 책 참조. *Renewing Philosophy* (Cambridge, Mass. : Harvard University Press, 1992), p.218, n. 22.

10) Charles Travis, *Unshadowed Thought* (Cambridge, Mass. : Harvard University Press, 2000), p.129.

란 잉크를 달라고 하였는데요?"라고 항의한다. "시험해보세요" 라고 점원은 나에게 말한다. 나는 펜을 그 검은 액체에 담갔다가 쓰기를 시도한다. 놀랍게도 나는 쓰인 것이 연파랑인 것을 발견한다! 이 경우 점원은 나에게 파란 잉크를 준 것이었을까? 나는 그때 거기에서 "파란 잉크"를 어떻게 이해하였는지에 관하여 생각할 필요가 있을 것이다.

하지만 이것이 파란 잉크로 쓰인 글자를 볼 때 내가 *항상* 고려할 필요가 있는 가능성은 아니다. 어떤 다른 해석을 요청하는 일은 단지 특정 맥락들에서 이루어질 뿐이라고 실용주의자들은 말한다(실로 한 비트겐슈타인주의자는 *그러한 맥락들에서만 유의미하다*고 말할 것이다).[11] 해체주의자들은 쓰이거나 말해지거나 생각되는 *것*은 *어떤 것이든* 해석을 요청하는 (그리고 사실 그것을 이해하는 정도까지 해석에 의해서 이해하는) 맥락으로서 모든 맥락을 다룬다. 해체주의자들이 해석들의 무한 퇴행을 멈추는 것에 관하여 구상할 수 있는 유일한 방식은 *자가-해석하는* 실재들인 프레게적 사고들이나 "개념들"이나 플라톤적 "의미들" 같은 것이 존재한다고 주장함일 것이다. 내가 막 실용주의적인 (그리고 또한 비트겐슈타인적인) 방식이라고 제안한 것을 가지고, 해석의 필요 내지는 바로 그 해석이라는 문제가 일어나는 맥락들과 그것이 전혀 일어나지 않는 맥락들을 구분하려고 시도한

---

11) 다음 책과 논문 참조. Travis, *Unshadowed Thought*. Martin Stone, "Focusing the Law : What Legal Interpretation Is Not", in Andrei Marmor, ed., *Law and Interpretation : Essays in Legal Philosophy* (Oxford : Oxford University Press, 1995), pp.31-95.

다고 해보자. 해체주의자들이 능숙하게 할 수 있는 일은 그러한 구분을 명확하게 이끌어낼 수 없는 경우들의 사례를 제공하는 일일 것이다.

이 모든 것에 관하여 적어도 두 가지 것을 말할 수 있다. 우선 좋든 나쁘든 내가 방금 기술한 종류의 몇몇 철학적 논증들을 가지고, 사고가 언어와 사고 밖에 있는 대상들을 지칭한다는 바로 그 생각을 실제로 무너뜨릴 수 있다고 가정하는 것은 순전한 오만일 뿐이다. 또는 그러한 논증들 몇 개를 가지고, 말해진 것과 쓰인 것들의 의미들에 관하여 이야기할 수 있다는 생각을 파괴할 수 있다고 가정하는 것도 순전히 오만이다. 또한 그 몇 개의 논증을 가지고, 좋고 나쁜 논증의 개념들과 정당화와 추론 등이 이치에 닿는다는 생각을 파괴할 수 있다고 가정하는 것 역시 오만에 불과하다. 즉, 이 모든 것이 소수의 철학적 논증들에 의해 파괴될 수 있고 파괴되어 왔다는 바로 그 생각이, 나에게는 다만 놀랍기 그지없는 오만의 한 사례로 보이는 것이다.

몇 년 전 한때, 나는 큰 중서부 대학에서 일군의 대학원생들과 함께 저녁을 들고 있었던 것을 기억하고 있다. 그들 중의 한 명은 열정적인 데리다주의자였다. 그 당시에 해체주의학파에서 애호하는 표현은 *그 자체를 깊은 구렁 속에 빠뜨려라*("ca se met en abime"), 즉 그 자체를 해체하라는 것이었다. 나는 그 젊은이에게 물었다. "자네는 진실로 우리의 모든 말이 그 자체를 해체한다고 생각하는가?" 그는 "예"라고 대답하였다. 나는 이렇게 말하였다. "1분 전에 나는 '버터를 건네달라'고 말했네. 그것은 그 자체를 깊은 구렁 속에 빠뜨리는 것인가?" 그는 잠시 머뭇거렸고,

이때 나는 그의 울대뼈가 음료를 꿀떡꿀떡 마실 때처럼 오르내리는 것을 보았다. 그리고 그는 용감하게 "예"라고 대답하였다.

나는 이로써 데리다 자신을 비판하는 것이 옳다거나 공정하다고 생각지는 않는다. 하지만 오늘날 많은 교수들은 서구의 논리학과 서구의 과학이 1960년 이후 언젠가 파리에서 건전치 못함이 밝혀졌다고 생각하는 것처럼 보인다(내가 알고 있기에, 미국에서는 대개 문학 분과들에서 그러한 교수들을 찾아볼 수 있다). 실로 저기 밖에 세계가 있다는 바로 그 생각이 건전치 못하다는 것이 1960년 이후 언젠가 파리에서 밝혀졌음이다. 그것이 사실일 수도 있다고 생각함이 조금이라도 이치에 닿는다면(아뿔싸! 나는 방금 "이치에 닿는"이라고 말한 것이 아닌가?), 문제의 논증들은 원래보다 더 나은 것으로서 적어도 *명백하게* 비판될 수 있는 것은 아닐 것이다. 사실 그 두 논증들은 모두 심히 약한 것이다. 모든 경우에 어떤 구분이 이루어질 수 없다는 사실로부터, 그러한 구분이 이루어질 수 있는 곳에서 그러한 구분이 유효하지 않다는 것은 결코 따라 나오지 않는다. 그 반대의 것을 가정함은 마치 내가 여러분 앞에다 머리에 잔털 밖에는 없는 누군가를 세워놓고, 이 사람을 *대머리라고* 불러야 하는지 *대머리가 아니라고* 불러야 하는지 묻고 다음과 같이 결론을 내리는 것과 같다. 즉, 그러한 문제가 미결정적이라는 데 합의한 다음, 대머리와 대머리 아님을 나누는 구분을 폐기하고 해체해야 한다고 결론짓는다는 것이다. 몇몇 해체주의자들은 최근에 자신들의 견해를 지지하기 위하여 비트겐슈타인의 텍스트를 택하여 인용하였다. 그렇게 인용되는 비트겐슈타인이, 모든 경우에 명확하게 정의

되지 않는 단어들이 쓸모 없다는 생각을 분명 공격하고 있다는 사실은 주목할 가치가 있다. 예컨대 『철학적 탐구(*Philosophical Investigations*)』에 보면 다음의 구절을 발견할 수 있다.

§88. 내가 누군가에게 "대충 여기에 서시오"라고 말한다면 이러한 설명은 완전하게 이루어지는 것이 아닌 것일까? 그렇다고 한다면 다른 설명도 모두 완전하게 이루어질 수 없는 것이 아닐까?

그런데 나는 크리스 모텐센(Chris Mortensen)이 그의 치밀한 논문인 「플라톤의 약국과 데리다의 약방(Plato's Pharmacy and Derrida's Drugstore)」에서, 데리다의 유명한 에세이에 나와 있는 논증들을 세부적으로 비판하였음에[12] 주목한다. 특히 그는 정확히 내가 방금 비판한 방식의 논증에 데리다가 크게 의지하고 있음을 증명하였다. 보통은 공감하곤 하는 리차드 로티조차도 그러한 방식의 논증을 "한 구분이 엄정하고 정확하게 이루어질 수 없는 한, 그것은 실상 전혀 구분일 수 없다"는 가정에 의존하고 있다고 하여 거절한다. (로티는 여기서 존 서얼(John Searle)을 인용하고 있는데, 로티는 그가 "올바르다고 나는 생각한다"고 말하고 있다.) 로티는 또한 많은 데리다의 논증이 "터무니없는" 것이라고 말한다(그는 독특하게 이것이 사실 별로 문제가 되지 않는다고 주장하고 있지만 말이다).[13] 로티가 인용하는 그 "가정"은

---

12) Christopher Mortensen, "Plato's Pharmacy and Derrida's Drugstore", *Language and Communication*, 20 (2000), pp.329-346.
13) 로티의 다음 책에 있는 "Deconstruction and Circumvention" 참조. *Essays on Heidegger and Others*, vol. 2 of *Philosophical Papers* (Cambridge:

데리다에게 단도직입적으로 "당신은 이것을 믿는가?"라고 물을 경우 그가 틀림없이 거절할 가정이다. 그렇지만 나는 데리다의 논증들이 중요한 점에서 그 가정에 의존하고 있다고 생각하는 점에서 모텐센과 로티가 옳다고 생각한다.

나는 데리다의 저작에 등장하는 밑바닥 없는 해석들의 퇴행이라는 형이상학적인 생각이, 다음 두 가지 근본적인 실용주의적 통찰을 무시하기에 더 약화된다고 본다. (1) 모든 경우에 해석을 요청하는 것이 아니라, 한 텍스트가 뜻하는 것이나 한 사람이 자신의 말로써 뜻하는 것에 관하여 의심이 드는 상황들에서만 해석을 요청한다. (2) 어떤 상황이 그러한지 말하는 완전히 정확한 규칙은 있을 필요도 없고 있을 수도 없다. 이와 관련하여 비트겐슈타인은 다음과 같이 쓰고 있다.

§84. 나는 한 낱말의 적용이 어디서든 규칙들에 따르는 것은 아니라고 말했다. 왜냐하면 어디서든 규칙들에 얽매인 놀이가 어떻게 보일까? 그 규칙들은 결코 의심이 몰래 기어드는 것을 허용하지 않고, 그럴 수 있는 곳에서는 모든 틈을 틀어막는 것인가? 우리는 한 규칙의 적용을 결정하는 규칙과 그러한 규칙이 제거하는 의심 등을 상상할 수 없는가?

그리고 어떻게 그 절이 이어지는지 주목하라.

하지만 이는 우리가 한 의심을 상상하는 것이 가능하기 때문에

Cambridge University Press, 1991), pp.93-94, n. 12

우리는 의심한다고 말함이 아니다. 나는 쉽게 누군가가 다음과 같이 행동함을 상상할 수 있다. 그는 자기 집 현관문을 열기 전에 항상 그 문 뒤에 어떤 심연이 입을 벌리고 있는 것은 아닌지 의심하고, 문을 통하여 나가기 전에 그것을 확인한다. (그리고 어떤 경우에는 그가 옳았음이 입증될 수도 있다.) 하지만 그렇게 상상할 수 있다고 하여, 똑같은 경우에 내가 그러한 의심에 빠져드는 것은 아니다.

요컨대 우리는 전혀 정당화가 요청되지 않는 "의심"을 살피기 위하여 "규칙"을 필요로 하지 않는다!

비트겐슈타인 측에서의 그러한 진술들에도 불구하고 몇몇 해체주의자들은 여전히 그의 규칙 따르기 논의가 해석들의 퇴행 논증을 *지지하는* 것으로서 바라본다. 하지만 마틴 스톤(Martin Stone)이 보여주었듯이, 비트겐슈타인의 논의들에서 전체적인 논점은 §201에서 비트겐슈타인 자신의 말을 빌리면 정확히 다음을 보이고자 하는 것이다. "어떤 *해석이 아니라* 우리가 실제 경우들에서 '규칙에 따름'과 '규칙을 어김'이라고 부르는 것에서 드러나는 규칙을 파악하는 방식이 있다. 그기에 규칙에 따른 모든 행위는 해석이라고 말하려는 경향이 있는 것이다. 하지만 우리는 '해석'이라는 용어를 규칙의 한 표현을 다른 표현으로 대체하는 경우에 국한시켜야 한다." 스톤이 쓰고 있듯이, "비트겐슈타인의 시각에서 역설적인 해석의 퇴행은 모든 곤란을 야기하는 가정을 버림으로써 피할 수 있다. 즉, 우리가 먼저 어떤 해석을 한 규칙에다 부여하지 않는 한 그 규칙을 따를 수 없다는 가정을 버리라는 것이다."[14]

나는 데리다와 더욱이 데리다에 관한 어떤 수용을 비판해왔다. 그렇지만 단언컨대 더욱 열렬하게 데리다에 반대하는 "분석적"인 데리다의 적들이 하고 있듯이 철학이라는 직업에서 그를 제명할 의도는 전혀 없다. 나는 그의 저술에서 숱한 과장과 "지나침"을 보지만, 그럼에도 우리는 여전히 데리다로부터 배울 수 있다고 생각한다. 확실히 우리는 계몽의 언어와 이성의 언어와 심지어 도덕의 언어조차도 종종 의심해야 한다고 배울 수 있다. *때로는* 데리다적인 비판이 제자리를 차지하곤 한다. 중요한 것은 한 텍스트를 *언제* "해체적으로" 읽어야 하고 *언제* 해체적으로 읽지 말아야 할지 파악하는 것이다. 우리는 데리다를 아무것도 배울 것이 없는 누군가로서 바라볼 필요가 없다. 하지만 이 시점에서 우리는 데리다를 그의 가장 급진적인 주장들을 믿을 필요가 있는 누군가로서 바라볼 필요가 없고, 그렇게 바라보아서도 안 된다고 말하는 것이 중요하다. 그런데 사람들은 이렇게 의심스러운 논증들에 의해 도달한 결론들에 세계-역사적인 의의를 부여해왔다!15) 나는 데리다가 중요한 철학자임을 잠시라도 부인하지 않는다. 그렇지만 "포스트모더니즘" 전반에 관한 요란한 말들에 대한 나의 반응은, 전혀 지성적인 실체가 없는 것에

---

14) Stone, "Focusing the Law", p.55. 비트겐슈타인에 관한 "해체주의적" 해석들에 관한 좀더 자세한 분석과 비트겐슈타인과 데리다를 비교하고 대조한 것에 관해서는 또한 스톤의 다음 논문 참조. "Wittgenstein and Deconstruction" in Alice Crary and Rupert Read, eds., *The New Wittgenstein* (London : Routledge, 2000).

15) 이를테면, "포스트모더니즘"이라는 용어 자체를 마치 이것이 모더니즘이나 낭만주의나 계몽과 동등한 신기원인 것처럼 여기고 있음.

대하여 너무도 많은 소리가 있음을 보는 것 같아 슬프다는 것임을 인정하겠다.

끝으로 나는 문화상대주의에 눈을 돌리겠다. 이것은 두 가지 형태로 나타난다. 좀더 극단적이거나 "강력한" 형태는 리차드 로티가 대변하는 것이고, 온건한 형태는 다른 유명한 철학자인 버나드 윌리엄스가 대변하는 것이다. 나는 여기서 로티의 강력한 문화상대주의에 관해서는 별 말을 하지 않겠다. (나는 물론 로티가 스스로 문화상대주의자임을 부인한다고 알고 있고, 그것이 내가 앞서 상대주의 또는 역사주의에 관하여 말한 이유다. 오래전에 쓴 비판적 에세이들 중 하나16)의 용어법을 사용하면, 로티의 입장은 문화상대주의라기보다는 한 형태의 문화 *제국주의*로서 적절하게 기술할 수 있을 것이다. 그렇지만 *정당화*의 개념과 관련하여 로티는 분명한 상대주의자다.) *진리*와 관련하여 로티의 입장은 "우리의" ("자유롭고 개방적인") 문화 규범들이, 참인 것과 거짓인 것을 결정한다는 것이다. 그렇지만 다른 문화들을 믿는 것이 *정당화*되는지 여부는 그러한 문화들에 관한 사회학적 사실들이 결정한다고 그는 기꺼이 말한다. 로티의 입장을 설명하는 데 "사회학적인 사실"이라는 어구를 여기서 사용함으로써, 나는 그의 견해가 자기 논박적인 것이라고 생각되는 측면들 중 하나를 드러내었다. 나는 로티의 입장이 사회학적인 사실들과 "우리

---

16) 그러나 나는 그 에세이에서 그것을 "문화상대주의"로서 잘못 분류하였다. "Why Realism Can't Be Naturalized", in H. Putnam, *Realism and Reason*, vol. 3 of *Philosophical Papers* (Cambridge : Cambridge University Press, 1983), pp.230-240.

의" 문화 규범들 등에 관한 소박한 실재론을 전제하는데, 이러한 실재론은 그 입장 전체와 상반되는 것이라고 생각한다. (자세하게 알고 싶은 사람들에게, 로버트 브랜덤(Robert Brandom)이 편집하여 최근에 간행한 로티를 위한 축하 논문집에서 우리 둘이 벌인 논쟁을 보기를 권한다.)17)

버나드 윌리엄스가 자신의 견해를 표명한 가장 최근의 진술은, 나의 몇몇 비판에 대하여 답하고 있는 것으로서 영국 잡지인 『철학(*Philosophy*)』지에 최근 공개한 한 강연물에 제시되어 있다.18) 이 에세이는 「인문 학과로서 철학(Philosophy as a Humanistic Discipline)」이라는 제목이 붙어 있고, 나의 앞선 강연의 이면에 숨겨져 있는 관련 주제의 역사에 대한 반성적 이해를 얻는 것에 관한 관심을 시종 똑같이 반영하고 있다. 그것은 명확히 내가 "반성적 초월"이라고 부른 것을 칭찬하고 드러내는 것 둘 다를 열망하고 있다. 그리고 확실히 윌리엄스는 로티가 그러하듯이 정당화가 바로 "S의 진술을 그 동료들이 수용하는지 관찰함으로써 확인할 수 있는 사회학적인 문제"라고 믿지 않는다. 윌리엄스는 특히 과학들을 그가 "절대적인" 세계 개념이라고 부르는 것에 수렴하는 것으로서 바라본다. 이 개념은 인간의 "시각들"과는 별개로 사물들이 그 자체로 있는 방식을 (가능한 최대로) 드러내는 것이다. 이로 인하여 우리는 윌리엄스가 어떤 측면에서는, 내가 여기에서 논의해온 문제들과 관련하여 로티의 견해와 놀랄 만큼 유사한 견해로 나아가고 있음을 알게 된다. 그리고 이는 우

---

17) *Rorty and His Critics*, ed. Robert Brandom (Oxford : Blackwell, 2000).
18) 같은 책, p.487.

리를 더욱더 슬프게 한다. 그 배경은 다음과 같다.

내가 그렇듯이 버나드 윌리엄스는 자신이 "다른 개념이 아니라 바로 이 개념들이 어떻게 우리의 것이 되었는지에 관한 한 역사적 이야기"라고 부르는 것에 대하여 반성해봄이 중요하다고 생각한다.[19] 그 문맥을 들여다보자.

우리가 왜 다른 종류의 개념들을 사용하는 것이 아니라, 말하자면 예전에 통용되던 개념들을 사용하는 것이 아니라, 바로 이 [정치적이고 윤리적인] 종류의 몇몇 개념들을 사용하는지 묻는다면, 우리는 그 다른 것들에 반대하여 우리의 생각들을 정당화한다고 주장하는 논증들을 이용할 수 있다. 이를테면 그러한 논증은 계급 제도에 관한 생각들에 반대하여 평등과 동등한 권리들에 관한 생각들을 정당화한다고 주장하는 논증을 포함할 수 있다. 대안적으로 우리는 다른 개념들이 아니라 바로 이 개념들이 어떻게 우리의 것이 되었는지에 관한 한 역사적 이야기에 관하여 반성해볼 수도 있다. 이러한 이야기는 (단순히 그것에다 꼬리표를 붙이면) 어떻게 근대 세계와 그 세계에 자리한 특수한 기대들이 구체제(*ancien regime*)를 대체하게 되었는지에 관한 이야기이다. 하지만 다음으로 우리는 자신이 이전의 개념들에 반대하는 데 이용하는 논증들과 그러한 이야기가 갖는 관계에 관하여 반성한다. 그리고 우리는 그러한 이야기가 그 논증 형태들 자체의 역사임을 깨닫는다. 그러한 논증 형태들을 자유로운 개방적 논증 형태들이라고 부를 수 있는데, 이것들은 우리가 받아들이는 견해의 중심적인 부분이다.

어떻게 이러한 논증 형태들이 우세하게 된 것인지 고찰할 경우,

---

19) 같은 책, pp.487-488.

우리는 실로 그것들을 논쟁에서 이긴 것들로서 바라볼 수 있지만 필연적으로 그런 것은 아니라고 볼 수 있다. 자유로운 개방적 생각들이 논쟁에서 승리하는 데 있어, 구체제의 대변자들은 그 논쟁의 대상이 되는 어떤 것에 관한 개념을 초기의 자유주의자들과 공유했어야만 했을 것이다. 그리고 이는 논쟁의 대상이 삶의 방식이나 사회 조직의 방식인 명백한 의미에서만 그런 것이 아니다. 그들은 이성이나 자유 등의 어떤 목적이 있다는 데 동의했어야만 했을 것이다. 그러한 목적을 달성하는 데 자유로운 개방적 생각들이 더 낫게 이바지하였거나 더 낫게 그것들을 표현해내었다. 그리고 이것만큼 근본적인 변화에 있어서 적어도 그 과정의 말기에 이르기 전까지는 그들이 이에 관해 동의했다고 생각할 충분한 이유란 없다. 자유와 이성 등의 제반 생각들은 그것들 자체가 변화 속에 담겨 있었다. 이러한 의미에서 그 자유주의자들이 논쟁에서 승리하지 못했다면, 어떻게 자유주의가 우세하게 되었는지 말하자면 다른 것들 중에서 어떻게 이것들이 우리의 생각들이 되었는지에 관한 설명들은 옹호적(vindicatory) 설명이 되지 못한다.[20)]

이는 자유로운 개방적 시각의 진화(나는 그것을 앞선 강연에서 두 번째 계몽과 세 번째 계몽이라고 불렀다)에 관하여 윌리엄스가 하나의 "옹호적" 역사라고 부르는 것을 제공할 가능성에 대한 비관적인 평가를 담아내고 있다. 이러한 비관적 평가를 과학적 발견에 관하여 하나의 옹호적 역사를 제공할 가능성에 관한 그의 낙관적인 견해와 대조해보라. 그는 이러한 낙관적 견해를 몇 쪽 앞에서 다음과 같이 표현하고 있다.[21)]

---

20) 같은 책, pp.487-488.

물론 한 역사가 발견의 역사라 함은 어떤 것인지와 관련하여 참된 문제가 있다. 역사가 그렇게 되기 위한 하나의 조건은 내가 이렇게 표현할 잘 알려진 생각 속에 들어 있다. 나중의 이론 또는 (보다 일반적으로) 견해는 그것 자체와 그에 앞선 견해 및 이전 견해에서 나중 견해로의 변천을 의미 있게 만든다. 단, 이는 양 당사자들이(이전 견해를 가진 사람들과 나중 견해를 가진 사람들) 그러한 변천을 개선이라고 인정할 이유를 가진다는 조건에서 그러하다. 나는 이러한 조건을 만족시키는 설명을 옹호적 설명이라고 부르겠다. 자연과학들이 보이는 특수한 경우에서 나중 이론은, 이전 이론을 지지한 현상들을 대략 그 나중 이론에서 사용하고 있는 용어들로 설명한다. 나아가 이전 이론은 나중 이론의 특별하거나 제한된 경우라고 이해할 수 있다.[22)]

---

21) 같은 책, p.486.

22) 그런데 이 문맥에서의 과학철학은 소박한 것이다. 양자역학이 현상들을 "설명한다"면, 이는 "인간의 권리들"에 관한 말이 구체제에 사는 사람에게 이질적인 것이었듯 고전 물리학자의 사고 방식에 이질적인 것이었으리라는 "설명한다"의 의미에서 그러한 것이다. 오늘날에 이르기까지 양자역학에 관한 그 어떤 단일한 해석도 받아들여지지 않고 있다. 따라서 그것은 한 단일한 현상을 설명하는 역학적인 그림을 제공한다는 고전적인 의미에서 그 현상을 (현재) "설명하지" 못한다. 대신에 그것은 *전적으로 추상적인 구조들에 의거하여 현상들을 재기술*한다. 이러한 구조들은 시공간 속에 있는 구조들이 아니라 힐버트 공간들상에 있는 투영 연산자들과 같은 집합 이론적인 대상들이다. 그리고 그것이 대체하는 고전적인 이론들이 양자역학의 "제한적 경우들"이라는 의미는 마찬가지로 새로운 것(포아송 괄호들을 그것들과 형식적으로 유사한 전적으로 다른 수학적 표현들의 제한적 경우들로서 다루기)이다. 사실 우리는 윌리엄스를 흉내내어 다음과 같이 쓸 수 있다. "양자역학적인 생각들이 논쟁에서 이기는 데 있어, 고전 물리학자들은 그 논쟁의 대상이 되는 어떤 것에 관한 개념을 초기 양자 물리학자들과 공유했어야만 했을 것이다. 그리고 이는 논쟁의 대상이 물리적 현상들인 명백한 의미에서만 그런 것이 아니다. 그들은 설명이나 정확한 기술 등의 어떤 목적이 있다는 데 동의했어야만 했을 것이다. 양자역학

윌리엄스는 여기에서 단순히 한 기술적인 용어("옹호적")를 정의하고 있는 것이 아니다. 그는 그 용어의 의미를 자신이 좋아하는 대로 자유로이 약정하고 있다. 그가 제공하고 있는 것은 *합리적 정당화*에 관한 한 설명이다. 그리고 그는 우리가 어떤 것을 믿게 된 방식에 관한 "옹호적" 설명에 대한 유일한 대안이, 우리의 믿음들을 바꾸는 일이 조금이라도 학습 과정일 수 있었다는 생각을 단순히 포기하는 설명이라고 여긴다. 예컨대 우리는 이를 그의 다음과 같은 말에서 볼 수 있다. "우리 자신의 개념들에 대하여 어떤 반성적 태도를 취할 것인지 알려면, 우리는 [옹호적 역사의 존재에 관한 물음에] 주목*해야* 한다."23) 그 문맥은 다음과 같이 계속된다.

한편으로 우리의 개념들에 관한 옹호적(사소하게만 그렇다손 치더라도) 역사가 있는지 하는 물음에 대한 답변은, 이전 개념들이 틀렸다고 말하는 데서 우리가 하는 것에 차이를 낳는다. 옹호적 설명들이 없다면, 당신은 물론 그것들이 틀렸다고 말할 수 있다. 누가 당신을 막을 것인가? 그렇지만 그 내용은 아주 빈약할 것 같다. 이는 단지 이전 견해가 논증들에 의해 실패한다는 메시지만을 전달한다. 그 요점은 그러한 견해들이 그 논증들에 의해 실패하지 않을 수 없다는 것이다. 이처럼 빈약한 곡조를 조금이라도 휘파람으로 불어볼 가치

---

적인 생각들은 그러한 목표를 달성하는 데 있어 더 낮게 이바지하였고 더 낮게 그것들을 표현해내었다. 그리고 이것만큼 근본적인 변화에 있어 적어도 그 과정의 말기에 이르기 전까지는 그들이 이에 관하여 동의했다고 생각할 충분한 이유란 없다. 설명과 기술 등의 제반 생각들은 그 자체 변화 속에 담겨 있었다."
23) Williams, "Philosophy as a Humanistic Discipline", p.488.

가 있는지 물어보는 것이 좋다.

따라서 계몽의 발전을 한 학습 과정으로서 볼 수 있는지가 진정한 문제다. 윌리엄스는 두 쪽 뒤에서 다음과 같이 아주 올바르게 말하고 있다.

이것은 어느 정도 19세기 초에 깊은 뿌리를 내린 역사적 자기 의식 이래 유럽적인 사고에서 되풀이되어온 문제의 한 형태이다. 이는 반성과 관여의 문제이거나, 반성과 관여와 내적으로 얽힌 것과는 상반되는 우리의 믿음에 관한 외적 견해의 문제이다. 그것은 소위 역사주의적인 권태와 소외의 문제이다.[24]

그 논제를 구체화하기 위하여 내가 잠시 전에 사용한 사례를 다시 고려해보자. 즉, 우리는 **왕권신수설**을 옹호하는 논증들을 나쁜 논증들로 보았다. 중세 **교회**는 왕권신수설을 옹호하면서 **성서** 이야기에 호소하였다. 나는 훌륭한 **탈무드** 연구가라면 이러한 호소에 자리하는 모든 종류의 결함을 아무 어려움 없이 드러내었을 것이라고 생각한다. 그 이야기는 어떻게 신이 (마지못해 성나서!) 왕을 달라는 이스라엘 사람들의 소원을 들어주었는지(결과적으로 그들은 다른 국가들과 같을 수 있었다!)에 관한 것이다. 이제 세 가지 계몽은 모두 다음의 점을 본질로 하는 견해를 취한다. 한 계몽된 사람이 확실히 종교적일 수는 있지만, 그는 성서(또는 플라톤의 경우에는 그리스 신화)의 모든 문장을 우주

---

24) 같은 책, p.490.

론적 문제나 정치적 문제와 관련하여 권위적인 것으로서 생각지 않는다. (사실 탈무드의 랍비는 이러한 의미에서 이미 계몽된 사람이었다.)[25] 더욱이 내가 "실용주의적 계몽"이라고 부른 것은 다음의 점에서 시작한다. 계몽된 사람들은 더 이상 사실이나 정치 문제들에 관하여 "선험적 증명들"을 한다고 주장하는 철학자들의 의견을 권위적인 것으로서 여기지 않는다. 퍼스가 그의 위대한 에세이인 「믿음 정하기(The Fixation of Belief)」에서 제시하였듯이, 우리는 권위의 방법과 이성적으로 합의할 수 있는 것의 방법이 믿음을 정하는 나쁜 방식들이라고 배웠다. 그리고 퍼스는 아주 기꺼이 이러한 발견을 "베이컨의 말로, 참된 귀납"이라고 기술하였다.[26] 다시 말하여 그것은 우리가 중요한 가치가 있다고 본 바로 그 과학적 방법의 한 실례다. 실용주의자들은 한 학습 과정이 무엇*인지* 적절히 이해하려면, 필히 모든 형태의 근본주의를 거절하고 모든 형태의 선험주의를 거절해야 한다고 주장한다.

이제 내가 앞서 인용한 윌리엄스의 말을 떠올려보자. "자유로운 개방적 생각들이 논쟁에서 승리하는 데, 구체제의 대변자들은 그 논쟁의 대상이 되는 어떤 것에 관한 개념을 초기의 자유주의자들과 공유했어야만 했을 것이다. 그리고 이는 논쟁의 대상

---

25) 다음 책 참조. Menachem Fisch, *Rational Rabbis* (Bloomington : Indiana University Press, 1997).

26) 다음 책에 수록된 "The Fixation of Belief"에서. *The Collected Papers of Charles Sanders Peirce*, vol. 5, ed. Charles Hartshorne and Paul Weiss (Cambridge, Mass. : Harvard University Press, 1960), pp.223-247. p.242(§383)에서 인용함.

이 삶의 방식이나 사회 조직의 방식인 명백한 의미에서만 그런 것이 아니다." 윌리엄스는 다음으로 그들이 합의했어야 했을 것, 즉 "자유로운 개방적 생각들이 더 낫게 이바지하였거나 더 낫게 표현해낸 이성이나 자유 등의 어떤 목적이 있었음"을 파악하고 다음과 같이 덧붙였다. "그리고 이것만큼 근본적인 변화에서 적어도 그 과정의 말기에 이르기 전까지는 그들이 이에 관해 동의했다고 생각할 충분한 이유란 없다." 하지만 이것은 심히 부정하게 카드를 치는 것이리라!

사람들이 "자유"(근대적인 의미의)나 "이성"(근대적인 의미의)과 같은 관념들에서 *출발하여* 그러한 원리들*로부터* 왕권신수설의 거절에 이르게 된 것이 아니라, 그 반대라고 생각할 충분한 이유가 있다. 즉, 사실은 사람들이 천문학적인 문제들과 관련하여 **교회**가 해석한 대로 **성서**를 신뢰함은 나쁜 생각임을 알아챘다고 말함이 옳다는 것이다. (갈릴레오가 보여주었듯이, 부분적으로는 새로운 천문학이 느리지만 확실하게 프톨레마이오스의 천문학과 일치시키기 어려운 결과들을 산출하였다. 그리고 프톨레마이오스 천문학은 **교회**에서 성서적 기술의 본질적인 부분이라고 보는 것을 보존하고 있기에 교회가 수용한 천문학이었다.) 게다가 **가톨릭 교회**는 **성서**에 관한 적절한 해석이 어떤 것인지 말하는 데 그 특권을 이용했다. 그리고 이는 결국 우리가 프로테스탄트주의라고 알고 있는 다면적인 반응을 불러일으켰다. 한번 사람들이 **성서**에 관한 여러 대안적인 이해들을 논의할 수 있게 되자마자(또는 스스로 자유를 부여하자마자), 성서가 어쨌든 명백하고 분명하게 모든 사회가 왕을 가져야 한다거나 한 사회가 왕을 가진다면 그 왕은 **신권**에 의해 다스려야 한다고 명한다는 전체의 생각은 극히 의심스런 것으로 보였다. 자유와 이성이라는 근대적인 관념들이 일어난 것은 **왕권신수설**에 대한 의문이 제기된 *이후*, 즉 사람들이 이미 "삶의 방식이나 사회 조직의 방식에 관한" 여러 대안적인 개념들을 찾기 시작했을 때다. 이때 사람들은 자신들이 더 이상 절대 군주라곤 없는 사회에서 살게 되는 경우 자신들을 이끌 개념들을 정식화하기 시작한다. 그리고 일단 군주제에 대한 의문이 제기된 이상, 마찬가지로 귀족 정치에 대한 의문이 곧 제기되었음은 물론이다.

월리엄스는 그러한 논증들과 개념들이 "구체제의 대변자들"을 설득시키지 못할 것이라는 생각에 큰 무게를 둔다. 하지만 그것들은 또한 갈릴레오의 경우에도 **교회**의 대변자들을 설득시키지 못했다! 나는 정말 월리엄스를 빗나가게 한 것이 우리가 마주하는 선택에 대하여 그가 너무 제한된 개념을 가졌기 때문이라고 생각한다. 월리엄스의 선택은 단순히 내가 **계몽**이라고 불러온 것을 (그리고 우세한 만큼 내가 "실용주의적 계몽"이라고 불러온 것 또한) 단순히 "우연한" 것으로서 바라보는 것이다. 이 "우연한"이라는 개념은 로티 또한 이용하는 것이다.27) 그래서 월리엄스는 "아이러니"에 관한 로티의 중한 평가를 거절함으로써 로티와 자신을 구분하는 것이 필요하다고 생각한다. 월리엄스는 다음과 같이 쓰고 있다.

---

27) 이를테면 다음의 책 참조. Rorty, *Contingency, Irony, and Solidarity* (Cambridge : Cambridge University Press, 1989).

사실 내가 보기에는 우리가 *충분히* 우연성을 인식한다면, 아이러니가 그 답을 제공한다고 하는 문제란 전혀 일어나지 않는다. … 그러한 문제 설정은 실제로 우리가 가지기를 원하는 것이 우리의 견해에 관한 옹호적 역사라는 생각을 위한 것이다. 자유주의가 특히 그것이 가지고 있는 종류의 우연한 역사를 가진다(그렇지만 어떤 조망에서든 똑같은 것이 참이다)는 발견은 시시한 일로서, 우리에게 기껏해야 차선을 남겨주는 것이다. 하지만 한 번 더 물어보자. 왜 우리는 그렇게 생각해야 하는가? 이는 정확히 우리가, 원리적으로 모든 가능한 견해들 중에서 선택하는 방해받지 않는 지성들이 아니기 때문이다. 손 안에 놓인 견해가 우리의 것이라고 받아들일 수 있는 이유는, 바로 그러한 견해를 우리의 것으로 만든 역사 때문이다. 또는 보다 정확하게 말하자면, 우리를 만들었을 뿐만 아니라 그 견해를 바로 우리의 것으로 만든 역사 때문이다. 우리는 그 견해만큼이나 우연적인 존재이며, 그 둘은 중요한 점에서 똑같은 것이다. 우리와 우리가 가진 견해는 단순히 동일한 시간에 동일한 장소에 있는 것이 아니다. 정말 깊이 이것을 이해한다면, 우리는 실로 다음과 같은 또 다른 과학주의적 환상에서 벗어날 수 있다. 즉 합리적인 행위자들로서 우리가 추구해야 하거나 적어도 최선을 다해서 매진해야 할 일이, 우연한 역사적 조망을 벗어난 절대적 관점에서 최선일 정치적이고 윤리적인 관념들의 체계를 구성하는 일이라는 환상이 그것이다.[28]

윌리엄스는 단지 두 가지 입장만이 가능하다고 본다. 그 한 가지는 그가 옹호하는 입장이다. 이는 내가 "계몽"이라고 불러온 것(그리고 그가 "자유로이 개방된"이라고 부르는 것)의 가치들

---

28) Williams, "Philosophy as a Humanistic Discipline", pp.490–491.

을 *단순히* 한 특정한 역사의 "우연한" 산물로서 바라보지만, 우리가 똑같이 "우연한" 존재이고 우리와 그러한 가치들이 서로를 위해 만들어지는 것이기에 (우리는) 아무런 문제없이 그 가치들을 받아들일 수 있다는 가상의 사실을 기리는 것이다(이 입장을 로티 또한 많은 곳[29])에서 지지하고 있는 것을 보면, '아이러니'가 항상 로티의 자세인 것은 아님을 알 수 있다). 다른 한 가지로서 실로 "과학주의적"일 입장이 있다. 즉, 이 입장은 우리가 추구할 수 있고 "합리적 행위자로서 추구해야 하거나 적어도 최선을 다해서 매진해야 할 일이, 우연한 역사적 조망에서 벗어난 절대적 관점에서 최선일 정치적이고 윤리적인 관념들의 체계를 구성하는 일"이라는 입장이다. 이러한 이분법에서 놓치고 있는 것은 정확히 나의 실용주의적 "계몽"을 특징짓는 생각이다. 이는 바로 정치적이고 윤리적인 문제들과 갈등들에 관한(듀이가 "문제 상황들"이라고 부르는 것에 관한) *상황에 맞는* 해결책과 같은 것이 있다는 생각이다. 그리고 문제 상황들의 평가들에 관한 주장들 및 그 해결을 위한 제안들은 *절대적*인 것이 아니라고 하여도 다소간에 *보증하거나 정당화*할 수 있다는 생각이다. 문제들에 대한 상황에 맞는 해결책들은 항상 생각들을 필요로 한다. 하지만 그러한 해결책들은 "우연한 역사관에서 벗어난" 생각들을 필요로 하지 않는다. 듀이는 문제 상황들이 우연한 것이고 그 해결책들도 마찬가지로 우연한 것이라고 강조했다. 그러나 한 상황

---

29) 특히 다음 논문 참조. "Solidarity or Objectivity?", in *Post-Analytic Philosophy*, ed. John Rajchman and Cornel West (New York : Columbia University Press, 1985).

의 해결책에 관한 주장이 보증되거나 정당화된 주장이라고 *생각함*과 그것을 실제로 보증*하거나* 정당화*함*은 아주 중요한 차이가 있는 것이다. 월리엄스의 전체 논의가 놓치고 있는 것은 듀이와 같은 견해를 취할 가능성이다. 바로 실용주의의 가능성을 그것은 놓치고 있다.

# 역자 후기

## 가치/사실 이분법의 붕괴에서
## 존재론에 대한 사망 선고에 이르기까지

　　과학은 객관적이고 진리일 수 있지만, 윤리는 주관적인 것으로서 필요에 따라 변경할 수 있는 순전히 임의적인 것일 뿐이라는 말이 있다. 객관적인 것은 공적이고 가치에 의존하지 않는 것인데, 주관적인 것은 개인적이고 가치에 의존하는 것이다. 과학이 진리의 유일한 잣대라고 생각하는 사람들은, 윤리적 지식에도 과학적 지식과 같은 원천과 방법을 적용해야 한다고 주장한다. 그리고 '과학적 사실'과 같이 관찰이나 실험을 통하여 발견할 수 있는 '윤리적 사실'이란 없기에, 윤리적 주장은 단지 느낌을 토로하거나 명령하거나 관습을 표출하거나 하는 것일 뿐이라고 여긴다. 윤리적 주장에 대해서는 참이나 거짓을 가릴 수 없다는 것이다. 퍼트남(H. Putnam)은 이러한 생각이 17~18세기의 경험론 철학에서부터 출발하여 20세기 초의 논리실증주의 과학관을 거쳐 현재까지 이르고 있다고 역사적 배경을 밝힌다.

퍼트남은 이렇게 주장한다. 우리는 편의상 사실과 가치를 구분(distinction)할 수는 있지만, 그렇게 엄밀하게 이분(dichotomy)할 수는 없다. 우선 우리는 자연적인 '사실의 세계'에 관한 순전히 경험적인 진술에 대해서도 그것이 합리적인지 단순한지 진리인지 여부를 가릴 수밖에 없고, 이는 인식적 가치를 따지는 것이기에 가치 의존적이라 할 수 있다. 또한 우리의 윤리적 개념은 사실적이거나 서술적인 요소를 가질 수밖에 없다. '길동이는 진실하다' 내지는 '길동이는 강직하다'는 진술은, 길동이에 관하여 서술하고 길동이를 평가하는 일 두 가지를 모두 하고 있는 것이다. 세계는 단정하게 포장되어 우리에게 다가오는 것이 아니다. 또한 그렇게 포장된 세계에다 개인적인 기호나 사회적인 관습에 따라 가치를 부여하는 것도 아니다. 세계에 관한 대부분의 개념은 서술적인 요소와 평가적인 요소를 모두 가지고 있으며, 그러한 두 요소의 경계는 상당히 넓고 흐릿한 것이다.

## 사실과 가치의 구분

전통적으로 과학은 '객관적'인 사실의 영역을 다루고 윤리는 '주관적'인 가치의 영역을 다룬다는 주장이 있어왔다. 그리고 사실이나 존재에 관한 진술은 자연 세계에서 경험(실험과 관찰 등의)을 통하여 그 참 여부를 확인할 수 있는 의미 있는 진술이지만, 가치나 당위에 관한 진술은 참이거나 거짓일 수 없는 것으로서 다만 감정이나 태도의 표현에 불과한 것이라고 여겨지기도 하였다. 이처럼 진리의 원천으로서 자연적 사실에 대한 존중은 16~18세기의 과학 혁명과 과학적 방법의 발견에서 비롯하였다고 한다. 인간의 이성과 실험과 관찰 등의 과학적 방법이 세계에 관한 지식을 얻는 주요한 도구가 되었고, 진리를 판가름하는 잣대 역할을 하게 된 것이다. 사람들은 과학이 공적이면서 객관적으로 합의할 수 있는 사실들을 다룬다고 생각하였고, 과학적이지 못한 것은 주관적이고 비합리적인 것으로 치부하였다. 이러한 과학적 세계관에서 '가치 판단'이라는 생각은 극히 문제가 있는 것이었다. 가치와 관련하여 합의를 보는 것은 무척 어려우며, '공적으로 관찰'할 수 있는 것이 아니기 때문이다. 이제 가치는 의무를 명하는 당위와 더불어 사실과 존재와는 구분되어 다른 영역에 속한 것으로 간주된다. 가치 / 사실 및 당위 / 존재의 이분법이 등장하게 되는 것이다. 18세기의 경험론 철학자인 흄(D. Hume)은 이러한 구분의 이유를 다음과 같이 서술하고 있다.

내가 이제까지 마주한 도덕 체계마다 도덕 이론가는 모두 다음과 같은 모습을 보인다고 늘 말하였다. 그는 잠시 통상적인 추론 방식으로 진행하여 신이 존재한다고 주장하거나 인간사에 관하여 말하다가, 갑자기 통상적인 명제 계사인 '이다'와 '이지 않다' 대신에 '해야 한다' 내지는 '해서는 안 된다'를 명제에 사용한다. 이러한 변화는 잘 알아챌 수 없지만 아주 중요한 것이다. 왜냐하면 이 '해야 한다' 내지는 '해서는 안 된다'는 어떤 새로운 관계나 주장을 표현하기에 그것을 관찰하고 설명해야 할 필요가 있기 때문이다. 동시에 어떻게 이러한 새로운 관계가 그것과는 전혀 다른 것들로부터 연역될 수 있는지 전혀 상상할 수 없는 것으로 보이기에 그에 관한 이유를 제시해야 한다. 『인성론(*A Treatise of Human Nature*)』([1739]1978, p.469)

이렇게 흄이 제기한 '사실에서 가치를 어떻게 이끌어낼 수 있느냐'의 문제를 다룬 대표적인 논문으로 프랑케나(W. K. Frankena)의 「자연주의적 오류(The Naturalistic Fallacy)」(*Mind*, 1939)와 서얼(J. Searle)의 「사실에서 가치 이끌어내기(How to Derive 'Ought' from 'Is')」(*Philosophical Review*, 1963)를 꼽을 수 있다. 프랑케나와 서얼은 모두 사실에서 가치를 이끌어내는 일이 논리적 오류가 아니라고 보지만, 그 근거는 각기 다르다. 우선 프랑케나는 사실 진술이 평가적인 진술을 암묵적으로 담고 있기에 그러한 진술을 생략된 전제로서 추가하면 논리적인 문제가 사라진다고 주장한다. 서얼은 사실 진술이 가치를 이미 구성적 성분으로서 담고 있기에(사회적 관습이나 제도에 따르는 평가나 명령적 요소를 구성적 성분으로 하는 개념을 포함하는 진술이 그에 해당) 사실에서 가치를 이끌어내는 데 아무런 논리적 문제도 없다고 주장한다. 물론 프랑케나의 주장에 대해서는 '가치에서 가치를 이끌어낸 것에 불과하다'고 반대하고 서얼의 주장에 대해서는 '가치가 개념 내적인 성분이 아니라 다만 외부에서 규제적으로 부여된 것일 수 있다'고 반대하는 논의가 있기는 하였다. 하지만 적어도 이들의 논의가 가치를 사실에서 이끌어낼 수 있는 논리적 추론 가능성은 보여줄 수 있는 것으로 보이기에, 흄이 제기한 가치 / 사실 이분법 주장을 논리적 측면이 아닌 다른 측면에서 살펴볼 수 있다고 생각한다.

그러한 가치 / 사실 이분법이 정의에 의한 사실적 환원을 뜻하는 것이라고 주장할 수도 있을 것이다. '물'이 가지는 '차가움'과 '매끄러움'의 속성 등을 물을 이루는 분자 구조($H_2O$)적 성질로서 환원하여 정의하듯이, '가치'라는 비자연적인 속성을 '사실'이라는 자연적인 속성으로 환원하여 정의하려 한다는 것이다. 그리고 자연적인 속성은 원리상 비자연적인 속성으로 환원하여 정의할 수 없기에, 정의상의 오류를 범하고 있다고 주장할 수 있게 되는 것이다. 하지만 이러한 주장은 소위 해결해야 할 문제를 가정하는 '선결 문제 요구의 오류'를 범하는 것일 수 있다. 자연적인 속성은 원리상 비자연적인 속성으로 환원하여 정의할 수 없다는 것은 추론 결과로서 나와야 하는 것이다.


## 사실 / 가치 이분법에 자리한 존재론적 가정

그렇다면 사실 / 가치 이분법과 관련한 논쟁은 논리적이거나 정의상의 오류와 관련한 문제가 아니라 다른 입장의 차이에서 기인한 것이라고 볼 수 있다. 그리고 그러한 입장의 차이를 바로 '사실'과 '존재'만큼이나 '가치'나 '당위'가 세계에 객관적으로 있는 것인지 그렇다면 어떻게 우리가 그것을 파악할 수 있는지 하는 문제에서 찾아볼 수 있다. 이러한 접근법을 취하는 사람이 바로 퍼트남이다.

흄 자신은 결코 그 주장(사실/가치 이분법과 관련한)을 형식적 추론의 규준에 관한 것으로서 이해하지 않았다. 차라리 흄은 '사실의 문제들'과 '관념들의 관계들' 사이의 형이상학적인 이분법을 가정했다. 흄이 뜻했던 바는 '이다' 판단이 '사실 문제'를 기술할 때 아무런 '해야 한다' 판단도 그것으로부터 이끌어낼 수 없다는 것이다. '사실 문제들'에 관한 흄의 형이상학이 '존재들'로부터 '당위들'의 도출 불가능성 가정을 뒷받침하는 전체적인 근거를 이루고 있는 것이다. 『사실/가치 이분법의 붕괴(*The Collapse of the Fact/Value Dichotomy*)』 (2002, pp.14-15)

퍼트남은 '사실의 문제들'을 위한 흄의 기준을 그의 '그림 의미론'에서 찾는다. 흄의 마음 이론에서 개념은 일종의 그림 같은 '관념'이다. '사실 문제'를 나타낼 수 있는 유일한 방식은 그러한 그림 같은 관념과 닮음으로 인해서다. 퍼트남에 따르면, 흄은 단순히 '해야 한다'를 '이다'로부터 추론할 수 없다고 말하는 것이 아니라 더욱 넓게 올바름에 관한 '사실의 문제'는 없다고 주장하고 있는 것이다. 왜냐하면 올바름에 관한 사실 문제가 있었다면 그것은 사과임의 속성처럼 그림 같을 것이고, 그러한 것은 없기에 당연히 올바름에 관한 사실 문제는 없다는 결론이 나온다.

퍼트남은 사실에 관한 이러한 흄적인 그림이 논리실증주의를 거쳐 오늘날에 이르기까지 이어지고 있다고 주장한다. 물론 흄의 '사실' 개념은 그에 관한 감각적 '인상'이 있을 수 있는 것을 가리키는 데 반하여, 논리실증주의자들은 감각할 수 없는 박테리아와 전자와 중력장 같은 개념을 허용한다. 하지만 논리실증주의자들은 그러한 개념들을 단순히 경험적 사실을 진술하는 관찰 문장을 이끌어내기 위한 단순한 장치로 간주하였다. 또한 현대의 심신 이론가들은 심리직인 사실 기술이 두뇌 상태(신경적 상태나 계산적 상태)를 지칭해야 한다고 주장한다. 이러한 모든 이론에 흄의 그림 의미론의 잔재가 남아 있다는 것이다.

퍼트남은 이와 같은 그림 이론을 과학적 허구라고 규정한다. 내가 기술하는 것에 대응하는 그림이 단지 회색 물질과 혈관 밖에는 없는 나의 두뇌 속에 있고 거기에서 그러한 것을 찾을 수 있다고 가정하는 것은 단지 환상이라는 것이다. 우리가 일상적인 담론에서 사용하는 모든 기술적인 용어들을 '관찰 용어나 이론 용어'라는 이분법의 어느 한편으로 몰아붙이는 것은 '사실'이 무엇일 수 있는가에 관한 아주 좁은 과학적 그림에 기초한 것이다. 퍼트남에 따르면, 이러한 그림은 사실적 기술이 평가와 얽혀 있는 방식을 이해하지 못하여 나온 것이다.


가치와 사실의 얽힘

퍼트남은 우리가 흔히 사용하는 '두꺼운 개념(thick concept)'이 가치 / 사실의 얽힘(entanglement)이라는 사태를 잘 드러낼 수 있다고 주장한다. 퍼트남은 두꺼운 개념의 대표적인 사례로서 '무자비한'이라는 단어를 예시한다. 우선 '무자비한'이라는 단어는 규범적이고 윤리적으로 사용된다. 학교 선생님에 대하여 '그는 아주 무자비해'라고 말한다면, 나는 그를 교사로서만이 아니라 인간으로서 비판하고 있는 것이다. 나는 '그는 좋은 선생님이 아니야'라든가 '그는 좋은 사람이 아니야'라고 덧붙일 필요가 없다. 물론 나는 '그가 무자비함을 드러내지 않을 때 그는 아주 좋은 선생님이야'라고 말할 수도 있겠지만, 그가 좋은 선생님인 측면들과 그가 아주 무자비한 측면들을 구분함이 없이 단순히 '그는 아주 무자비한 사람이고 아주 좋은 선생님이야'라고 말할 수는 없다. '무자비한'이라는 단어는 또한 순수하게 서술적으로 사용될 수 있다. 역사가가 '광해군은 아주 무자비했어'라고 쓰거나 '피노체트 정권의 무자비함은 수많은 반란을 불러일으켰다'라고 쓸 때 그렇게 사용하는 것이다. 이렇게 '무자비한'이라는 단어는 사실 / 가치 이분법의 가정과는 상반되게 때로는 규범적인 목적으로 사용되고 때로는 서술적인 용어로서 사용될 수 있다. 이러한 개념으로서 '악독한', '관대한', '우아한', '서툰', '유능한', '강한', '약한', '저속한', '무례한' 등을 들 수 있다.

이렇게 가치는 우리의 일상적인 경험에 깊숙하게 스며 있다고 말할 수 있다. 과학적인 실천 판단에도 '정합성'과 '신빙성'과 '합당성'과 '단순성'과 '가설의 아름다움' 등의 인식적 가치가 들어 있고, 이러한 인식적 가치 또한 가치인 것이다. 물론 인식적 가치는 윤리적 가치와 다르다고 주장할 수 있을 것이다. 윤리적 가치와는 달리 인식적 가치에는 '세계를 정확히 기술'한다는 인식적 관심이 깔려 있다고. 하지만 그러한 기술은 결국 우리가 그러한 가치라는 안경을 쓰고 바라본 어떤 것임을 깨달아야 한다고 퍼트남은 지적한다. 그러한 가치가 우리의 인식 세계 밖에서 이루어지는 외적인 정당화를 뜻함은 아니라는 것이다.

## 존재론에 대한 사망 선고

　이렇게 가치와 사실이 얽혀 있는 모든 분야에 걸쳐 대상들 (objects) 없는 객관성(objectivity)이 있을 수 있다. 그리고 이러한 경우에, 객관적인 판단의 가능성을 부인함은 파멸적인 결과를 낳는다. 예컨대 객관적인 윤리적 판단의 가능성을 부인하기 위하여 제공되는 형이상학적 이유는 객관적인 방법론적 가치 판단의 불가능성을 마찬가지로 함축할 것이고, 그로써 과학 그 자체의 객관성을 위협할 것이다. 또한 이러한 경우에 비자연적인 대상들을 가정하거나 확실하다고 생각하는 다른 것들로 환원하여 객관성을 설명하려는 시도 역시 실패할 수밖에 없다.

　세계에 관한 올바른 기술이 객관성과 동일한 것이라는 생각은 '객관성'이 *대상들과의 대응*을 의미한다는 가정에 의존하고 있다(물론 그 단어의 어원에 대응하는 생각인). 하지만 이러한 생각에 반대 사례들을 제시하는 것이 단지 '살인은 그릇된 것이다'와 같은 규범적 진리들만은 아니다. 내가 다른데서 논증하였듯이 수학적 진리와 논리적 진리도 '대상들 없는 객관성'의 사례들이다. 확실히 많은 철학자들이 수학적 진리를 설명하기 위하여 특유한 대상들(소위 추상적 실재들)을 가정해야 한다고 말하고 있다. 하지만 다음과 같이 물어보면 알 수 있듯이 그것은 전혀 도움이 되지 않는다. '이러한 우스운 대상들이 존재하기를 그친다면 수학이 조금이라도 덜 작용할까?' 수학의 성공을 설명하기 위하여 '추상적인 실재들'을 가정하는 사람들은 우리가(또는 경험적 세계의 어떤 다른 것들이) 추상적인 실재들과 상호 작용한다고 주장하지 않는다. 하지만 만일 어떤 실재이든 우리 또는 경험적 세계와 조금이라도 상호 작용하지 않는다면, 모든 것은 그것들이 존재하지 않아도 동일할 것이라고 결론지을 수 있지 않을까? 『사실 / 가치 이분법의 붕괴(*The Collapse of the Fact / Value Dichotomy*)』(2002, p.33)

퍼트남은 객관성을 기술 내지는 서술과 동일시하지 말아야 한다고 주장하고 있는 것이다. 참이라고 할 수 있는 진정한 진술이면서도 기술이나 서술이 아니라 특정한 맥락에서 적절한 평가를 담고 있는 것일 수 있다. 우리의 언어는 다만 세계를 기술하거나 서술하기만 하는 것이 아니라 수많은 종류의 가치를 가지고 세계를 평가한다. 이렇게 사실과 가치가 얽혀 있음을 직시할 때야(사실에 관한 지식은 가치에 관한 지식을 가정한다는 사실을 깨달았을 때) 비로소 우리는 좁은 과학적 세계관에서 벗어나 우리의 과학적 실천의 모습을 제대로 그리고 합당하게 드러낼 수 있다.

퍼트남에 따르면, 포퍼(K. Popper)의 반증주의에 기초한 연역적인 과학의 구획 기준과 라이헨바흐(H. Reichenbach)의 귀납 정당화와 카르납(R. Carnap)의 알고리듬에 기초한 통합 과학과 콰인(W. V. O. Quine)의 참인 관찰 조건을 갖춘 이론 선택 등이 모두 그러한 가치와 사실의 얽힘을 깨닫지 못한 좁은 과학적 세계관에 해당한다. 우리는 단순히 그러한 통합된 세계 이론으로서 존재론을 갖고 있지 않다.

퍼트남은 이렇게 사실 / 가치 이분법이 그릇된 존재론적(형이상학적) 가정에 기초하고 있음을 밝히고, 바로 이 번역서의 원문인 『존재론 없는 윤리학(*Ethics without Ontology*)』에서 그러한 이분법의 붕괴와 더불어 그것을 뒷받침했던 존재론에 대하여 사망을 선고하고 있다.

**존재론**은 악취를 풍기는 송장이 되었다. 과거 그것은 플라톤과 아리스토텔레스에게 많은 진정한 철학적 통찰들을 전달하는 수단을 대변했다. 그리고 그러한 통찰들은 여전히 철학에서 조금이라도 어떤 역사적인 감을 가진 우리 모두를 사로잡고 있다. 하지만 그 수단은 오래 전에 그 효용을 다하였다(『존재론 없는 윤리학』, 2004, p.85).

# 찾아보기

□ 지은이/힐러리 퍼트남(Hilary Putnam)

현재 세계에서 가장 주목받고 있는 철학자의 한 사람으로, 1926년에 시카고에서 태어나 펜실베니아대를 졸업하고 UCLA에서 라이헨바흐의 지도로 박사 학위를 취득했으며, 노스 웨스턴대·프린스턴대·MIT·하버드대에서 교수를 지냈다. 국내에 소개된 저서로는 『이성·진리·역사』(김효명 역, 민음사), 『표상과 실재』(김영정 역, 이화여대 출판부), 『과학주의 철학을 넘어서』(원만희 역, 철학과현실사) 등이 있다.

□ 옮긴이/홍경남

성균관대 철학과를 졸업하고 같은 대학원에서 지각 이론에 관한 논문으로 박사 학위를 취득했으며, 현재 성균관대와 한성대에서 강의하고 있다. 주요 논문으로는 「개념주의와 표상주의」, 「시 지각 이론에 있어서 지각 주체의 지위에 관하여」 등이 있고, 저서로는 『일반논리학』이 있다.

### 존재론 없는 윤리학

초판 1쇄 인쇄 / 2006년 9월 5일
초판 1쇄 발행 / 2006년 9월 10일

■

지은이 / 힐러리 퍼트남
옮긴이 / 홍 경 남
펴낸이 / 전 춘 호
펴낸곳 / 철학과현실사
서울특별시 서초구 양재동 338의 10호
전화 579—5908~9

■

등록일자 / 1987년 12월 15일(등록번호 : 제1—583호)

■

ISBN 89-7775-599-9 03190
*잘못된 책은 바꾸어 드립니다.

값 10,000원